什么是创业资本

赵延忱 著

SHENMESHI CHUANGYE ZIBEN

—— 影响世界的创业"日心说"与"地心说"

经济科学出版社
Economic Science Press

题 记

彩虹不是桥

时下大学的创业教育，是把"不是"当成"是"，把洋垃圾当成了宝。

直接原因是认为"创业没有规律"。既然没规律，也就没有独立的对象，进而就没有边界、没有范围、没有过程，把创业研究成管理，进而就把色拉盘子当成美丽的月亮，把创业说成是融资和商机。

根本原因是对创业没有历练、没有感觉。由此产生一种无奈：要对一个全然不知的事物发表见解，只能顾左右而言他。明知"言他"不是"他"，就只好硬说"他"没有规律。这样，就可以理直气壮地说与"他"没有关系的一切"其他"。

创业有道，但不是融资、不是商机、不是管理，也不是组团队演大戏、办执照搞形式，不能等资金、高起点、大规模、快速度、搞正规化。

创业是实干，是梦想燃烧起奋进的激情，

是智慧引领创造并有序前进的理性，是整合资源驾驭要素的资格，是通透和把握项目的能力。是从小事干起来，找到根子活下来，稳定模式转起来。

《民富论》与《国富论》①

杨 吉

（代序言）

　　阅读《民富论》，在聆听赵延忱娓娓道来 12 个创业理念之余，还会发现另外一个潜藏着的重要理念：思路决定出路，想法决定活法，因此，任何投资要慎之又慎。

　　赵延忱把书取名《民富论》，似乎有意在向亚当·斯密的《国富论》致敬、叫板，但结果证明，完全不是一回事。赵延忱的《民富论》是对个人创业的得失检讨，而《国富论》不是；《民富论》是对投资误区的反思批判，而《国富论》不是；《民富论》是对开掘财富的规律总结，而《国富论》不是。从学术成就和历史影响来看，《国富论》已然是一座里程碑，不是三言两语、四两拨千斤一般可以超越的。但不可否认，就思想原创和知识生产来看，《民富论》从理论体系到主要概念都充满新意，不失为近来难得一见

---

① 引自《大众日报》2007 年 3 月 2 日。

的具有中国特色的创业学佳作。在这一点上，它堪称经典。

经典的意义总在于可以反复诵读而不倦，不断参悟而新知。赵延忱的《民富论》达到了这样的高度。就像书中提到的"体现产业投资规则的'20个先后'"：先资格，后资本；先打工，后老板；先探索，后真干；先育根，后长叶；先配角，后主角；先不败，后求胜；先务实，后务虚；先困难，后容易；先市场，后工厂；先样品，后批量……——记诵、——琢磨，其实每一个规则都是一篇大文章。对创业投资者而言，这些不难记忆却难（深刻）领悟的规则往往将主导事业的进程，成败盈亏有时候就是当局者的一个想法、一个理念、一个创见。

尽管赵延忱把他的《民富论》赋予"揭示产业投资奥妙"的期望，事实上，他不仅贡献了诸如"资本之魂"、"资本之根"、"模拟"、"运转"等新概念、新思想，而且还提出"在恒久和潜在需求中选择目标"、"在深透分析要素中把握项目"、"在生存运转中谋求发展"等程序以及如何选择目标、如何把握项目、如何模拟综合等方法，但《民富论》最大的阅读价值在于创业观念的独创和凝练。

赵延忱说："怎么干是因为你怎么想，怎么想就是观念，这个'想'就是有决定意义的。"在《民富论》中赵延忱要与我们分享的"有决定意义"的想法不少。如财富观念，赵延忱指出产业投资是持续增加个人财富的基本途径。因为产业投资是个人对社会最主动、最积极的适应，是人性与市场经济结合的最佳点，是积聚全部资源、调动全部能量的最好方式。产业投资是增加个人财富稳定的、持久的、基本的路径。如资本观念，赵延忱说不是有钱就可以投资。投资的"资"，首要的、起决定作用的是投入一种能力：整合资源、驾驭要素的创造能力。这种能力对财富的增加而言，是最具有资本性质的资本。又如实验观念，在投资的全过程贯彻"一切经过实验"的原则。投资是能力获得与能力应用同步进行的过程，因此，决定了投资者对项目协调、控制、把握和创造力发挥的程度是未知的。投资者要面对诸多不确定因素：市场预测是否可靠、产品功能效用的公众认可度、矛盾与困难的未知性等，这些不确定因素决定了投资的实验性，要求投资者用探索的方式，小步推进，摸索前进。再如运转观念，这是本书最重要的一个观念。对此，赵延忱提出了"运转就是一切"的颇有振聋发聩效果的观点。在他看来，运转是产业投资的直接目的和中心内容。运转就是活着，活着就是一切。一切问题都只能在"活着"中得到解决，离开"活着"一切问题都无从解决。"运转"是资本生命存在的形式。此外，赵延忱在书中提到的观念还有规律观念、实践观念、育根观念、先胜观念、务实观念、生物观念、先难观念、程序观念等。

因为有了这些理念作为指导，对于广大多数创业者来说往往听风就是雨的想法、机会，在赵延忱看来都是值得怀疑、值得批判的。例如，很多人认为有了

3

资金就能创业、创业能由"商机"决定、创业没有规律可言、创业也没有过程等，赵延忱都给予了否定的答案。"创业不是概念、不是融资、不是商机、不是管理、不是演戏、不是办执照、不是搞形式。不能那样等资金、高起点、大规模、无程序、快速度、搞正规化。"创业是脚踏实地、是积少成多、是理性激情，只要从小做起来、找到根子活下来、稳定模式转起来，创业便成功了一半。

行百里者半九十，阅读《民富论》，在聆听赵延忱娓娓道来12个创业理念之余，还会发现另外一个潜藏着的重要理念：思路决定出路，想法决定活法，因此，任何投资要慎之又慎，要理念在先，投资在后。

目录

2

上篇

《民富论》：创业五大规律

规律之一：

资本之魂

一、发现"F"资本

80%的创业者认为："阻碍自己创业的最大原因是资金。"创业实践提出了创业中的最根本问题：创业投资中的"资"是什么？如果把决定创业成败的因素作一个排列，第一不是资金。第二不是资金。是什么呢？

（一）事实的启示

当年中关村小军电脑的老板雷虹精选了12名学软件的大学生，每人给了30万元，自由选项自主创业，结果无一成功。

在世纪之交网络风靡，几十家公司得到了风投资金，每家数以千万。结果呢？大洋彼岸纳斯达克的一夜秋风，就都 over 了。

亏损倒闭的国有企业是缺少资金吗？银行上万亿元的呆账，股市上圈去万亿元资金都给了国有企业。搞活了吗？

《美利坚合众国演义》讲了100家企业的发家史：摩根、洛克非洛、福特、通用电器等，追溯他们爷爷的爷爷，个个都是白手起家。

松夏幸之助年轻时身体不好不能上班，不得不在家里作电器开关。王永庆起家是挨家挨户送大米。

10年中我干了5个项目，死掉的不是缺少资金，活下来的也不是因为资金充裕。1995年，我与台湾地区宏伟公司合作生产强化固体燃料，干了1年，一塌糊涂、一败涂地、一筹莫展，100多万元资金没了。老板我累得心脏跳两下就停一下，住进了医院。两个月后我另起炉灶自己干，投资5万元，投产后当月收回，每月净利润3万元。100万元干灭火了，5万元干起来了，说明什么呢？

几乎没有例外的事实证明：决定项目死活、创业成败的不是资金。首先不是、主要不是，起决定作用的更不是。

（二）理论的证明

经济学家关于资本，提出了许多不同的概念（由于经济发展的时期不同，研究者的立论角度、立场、目的不同）。所有概念有两个共同点：（1）都是针对价值的创造或增加而言的；（2）都是强调一个或几个生产要素的作用。150年争论没有结果——谁都不能证明我强调的要素是唯一的，谁也无法否认其他要素是价值创造的条件。单纯强调某一个要素——土地、劳动、资本都是不能令人信服的。问题就出自两个共同点的矛盾上。

资本的"要素的作用"与资本的"价值增加的属性"是脱节的，它们都是价值创造的要素，都不是价值增加的决定因素。真正决定因素是什么？

让我们从资本形态的发展过程来回答。资本这个东西有这样一个趋势：由"硬"到"软"。斯密说土地是财富之母，劳动是财富之父，土地与劳动是资本。工业革命以后，发明了机器能提高效率，机器是资本。20世纪初发现管理重要，管理也是资本。

管理成为资本，资本就开始软了。第二次世界大战后，一个基础理论的突破产生一项技术—发生一个行业—带动一大串生产链。人们发现科学、技术、信息这些东西的资本性强了。

资本越来越软这个趋势把对资本的思路由"硬"引向"软"，与资本的两个共同点的矛盾相联系，我发现了另外一种资本：在形态上是软资本，但是它比软资本更软，是资本的更高层次。对价值的创造和增加而言，是真正意义的资本。

（三）对成败的追究

10年创业历程也是追究失败的历程。感触最深的不是几度辉煌，利润滚滚，是"败"。败得莫名其妙、百思不得其解，败得惊魂动魄、心尖颤抖，败得难以收拾、苦不堪言。败，如钱江大潮般震撼着我，同重锤击顶般撞击着我，像针穿十指般刺痛着我——思维翻滚灵光闪烁。从考察技术到把产品推向市场，我在思考；从展销会上头顶烈日演示叫卖到穿梭于大江南北巡视指导，我在思考；从走遍北京40几家批发市场到求教温州同行谋划营销，我在思考。思考什么？创业投资有没有规律可循？成功和失败的关键究竟是什么？

总结失败，企业家学者们都谈关键，问卷调查表明：75%的老板都关心做企业的关键是什么。一本经济学家谈论企业的书，看了一半就35个关键。我在对一次营销失败的思考中，在夜深人静中写出27个原因，感觉怎么有这么多？是不是不对劲呢？回头认真审视，哪个都是事实。

做企业究竟有没有关键？你讲这个关键，他讲那个关键。当你看到一个企业营销搞得好，你就应该想到它的产品质量好、功能完善，而质量、功能的背后是核心技术、在技术的背后是人的素质。营销的基础还有价格，价格的背后是成本，成本的背后是方方面面、点点滴滴。

你能说哪个不是关键。你说汽车的发动机关键，那我把轱辘卸下来，10米电线连一个灯泡，9米是关键还是1米是关键？对关键的拷问，我得出结论：既然都是关键那就都不是关键，既然都不是关键，必然还有一个关键。是什么？

在对失败深层原因的追究中发现，成功跟失败是一个混合体，相互融合，永远捆绑在一起。在企业发展过程中，从某一个断面看成功的因素多，再切开一个断面看失败的因素多。阶段性结果是失败的，在失败中就包含着许许多多成功的因素。一个企业鼎盛辉煌，它就成功了吗？在它成功的路上有无数次失败，在它成功的当口潜藏着许多失败的因素。

我意识到，决定成功和决定失败是一个东西，这个东西绝不是要素资本！是什么？

（四）"F"的显现

从创业投资的过程看。是成功与失败始终相互融合的过程。成功与失败是过程的断面，是多种因素在一个时空点的集合而产生的现象。所以成与败都不具有独立性，因此也就都不具有永恒性。不具有独立性与永恒性说明什么？说明成与败本身不具有自主性和真实性。不具有自主性和真实性又说明什么？说明它一定是被决定的事情，决定性因素必定在这个过程之外。

再从创业投资的要素看。谈论创业成败的关键，都是企业存在的要素。罗列之多说明都不是关键的同时证明着真正关键的存在，隐示着这个真正的关键只能在"要素"之外。这样，思路被理性引导必然指向另一个出口：企业从无到有，自始至终都被一个外部力量决定着。

一个深藏不露的幽灵。事实的启发，成败的透析，关键的觉悟，把我的思维引向过程与要素之外。一个"创"字，把"业"

与这个行为的主体"人"连接起来，人的灵性就渗透到"业"中，"业"就成为人的灵性的载体。这样：

1. "灵"决定"业"的一切：存在、配置、组合、效能。
2. "灵"赋予"业"以生命：孕育、出生、发育、成长。
3. "灵"决定"业"的过程：寻根、模拟，运转、渗透。
4. "灵"决定"业"的结果：成功、失败、生存、死亡。

我把这个深藏不露又无处不在的"幽灵"，也就是创业投资中的"资"，叫做资本灵魂或灵魂资本。

创业，当然不能排除资本要素。但是，从时间顺序上首先不是资本要素；从重要程度上主要不是资本要素；从对投资成败的决定作用上则完全不是资本要素，而是资本灵魂或灵魂资本。为了区别以往全部资本概念，我把它称之为"F"资本。

二、定义"F"资本

"F"资本是最具资本性质的真实存在，是创造性整合资源的资格；通透和把握项目的能力；理解和运用规律的本领。

（一）性质

"F"资本是最具有资本性质的资本。对于财富增加与财富创造而言，它是最具有"资本"性质的资本。以往多种形态的资本都不具有这个属性，它们对灵魂资本而言表现为要素形态的资本。因为离开灵魂资本，什么就是什么而不是别的什么。机器就是机器、技术就是技术、信息就是信息。

"F"资本是一个真实而隐蔽的存在。它不同于任何其他形式的资本，是看不见、摸不到、没有外在形态的资本。它是真真切切地存在于创业投资的全过程之中，深藏不露却可以被人感觉得到的那种"灵"。

"F"资本是一个独立而特殊的存在。它是一个独立存在，是独立于要素资本之外，超越要素资本之上，渗透于要素资本之内，对要素资本起统领主导作用的一个独立的存在。它是全部要素资本的"魂"。

（二）内涵

1. 创造性整合资源的资格。一般性地把项目所需资源相加是简单的资源组合。整合是创造的功力：是发现资源要素之间别人没发现的某种联系；发现某些现有资源的新功能、新用途；是发现在现有产品功能中的缺陷与不足；是把看似不相关的资源进行复合而产生的新效用；是把各自独立的利益关系联系在一起而产生新的利润点；是把自己可借助的各种优势集中在一点实现某种市场突破；是在成长中的产业链中找到缝隙与薄弱环节；是对潜在的具有商业价值的元素的挖掘、改造、提炼；是在开阔眼界、提升视角的前提下探索新模式、新业态、新手法；是对社会发展趋势与必然走向的敏感；等等。

2. 通透和把握项目的能力。通透，是由此及彼中无阻隔以达，是穿过所及至全、至遍、至彻底以晓。就是对认识对象达到全面彻底的通晓。通透对象是项目，要知道它的来龙去脉与产生的根据；要通过解剖发现它的内部构成；要对其中要素及相关因素逐一考察；要在发现其构成之间的关系中找到最关键的部分；要通过探索实现对关键的理解；要通过最小规模的动态模拟知道要素由静止到运动、孤立到联合的状况；要设置必要的实验程序达到能够把握的程度。

通透而必胜。没有通透就一定没有成功。只有通透才能发现切入项目的途径，看清运作需要的过程。只有通透才能使复杂变得简单，抓住生存的关键。只有通透才能知道需要的资金数量，及如何渐次投入使用。只有通透才能知道目标市场与通路，才能预见项目的前景。只有通透才能使项目的一切得以显露，才能底气充足、目标坚定，全力以赴、不遗余力，一门心思、一干到底。

3. 理解和运用规律的本领。我把创业投资的规律概括为五个：资本之魂；资本之根；模拟；运转；点规模渗透。资本的魂与根是创业中的主体与客体，模拟与运转主要是创业的过程与方法，点规模渗透是新企业销售的特点与模式。

（三）名字

为了区别以往资本概念，称之为"F"资本。"F"是借用微积分中 S = F（AB）的意义。

"S"代表一个创业项目及决定其成败的内涵；

"AB"代表"软"、"硬"两种要素的无尽系列；

"F"代表 AB 相加大于和、相乘大于积的关系。

"S = F（AB）"的公式表示：创业，是 F 与 AB 的关系。成败，决定于 F 的存在及 F 对 AB 的作用程度。

三、理解"F"资本

（一）创业五大规律之一

规律是一个真真切切的存在，它不呈现在表面和局部，更不是短时间能被觉察的。反道者动——只要违背了它，反复冲撞了它，它就会通过失败让你感觉到它的存在，在刺心的痛楚中感觉它沉默的真实。只有穿越时空的局限，把许多现象联系起来才能揪住它。只有保持探究的敏感，捉住一闪即逝的火花，在理性的反思中才能看清它。它是什么呢？是一条铁轨，沿着它走可以，偏离它不行；是探险者的地图，标识着行进的路线；是三峡的航标灯，告诉你这里有暗礁；是万变中的不变，无序中的秩序，不确定中的确定。理解它是创业的最重要的准备，掌握它是创业的真工夫，运用它是成功创业的根本保证。

（二）与要素资本的关系

"F"资本是怎样对要素资本发挥作用的呢？我用"冲合"来解释：创业者是一把茶壶，投资项目是杯子，杯子里面装着要素资本——茶、冰糖、菊花。"F"资本是水——创业人的智慧，能量是冲击要素。"冲合"的行为主体是人，对象是要素，内容是"F"。

1. "冲合"的作用（发力），人通过"F"对要素发力。是一种"力"作用于对象，释放能量，注入灵魂，赋予物质要素以生命的灵魂。这种能量类似于化学反应中的温度、压力或媒介物，有了它，能够改变两种不同分子的结构，化合而成一种新的物质。

2. "冲合"的过程（融合），是要素之间的相互融合、会聚、渗透，在这个过程中实现对要素的选择、提升、优化，优质的提纯，劣质的淘汰。"冲合"是"F"生化资本要素和谐的过程。

3. "冲合"的结果（结构），诸多要素之间相遇而合，生成新的统一体、新的结构形式——灵魂的企业实体。"冲合"是企业生命孕化的根据、是企业生命力永恒的源泉。

4. "冲合"的根据（自然倾向），"冲合"的对象是自然界与人类社会文明的沉淀和积累，是项目所要求的资本要素，软资本和硬资本之合。"冲合"根据源于自然——天地万物具有"合"的内在倾向。冲合正是对自然积极的顺应，是对人类文明的采集和利用。

（三）与创业项目的关系

谈及创业项目，人们通常会问要投入多少资金？我说，会干，几万元就能够运转起来并当年盈利。若不会干，投 100 万元可能血本无归。

要搞成一个项目，绝不仅仅是接受技术的问题，应该是对投资对象的彻底通透和全面的把握。把握了，你就具有了搞这个项目的资本；否则，你就不具备搞这个项目的资本。就对项目的把握而言，包括相互关联的三个层次：通透要素、界域创新和运转平衡。

通透要素。要素是指一个投资项目所包含的元素。项目不论大小都是由若干个部分和相关因素构成的。你要介入这个项目，就必须对构成该项目的每个部分、相关因素都有详尽的了解，做到心中有数，绝对不可掉以轻心，一知半解，投机侥幸，浅尝辄止，盲目冲动。投资同用兵，死生之地，存亡之道，不可不查也。有时，对相关元素彻底地通透并不具有可能性，但是，对主要的元素必须搞明白。

11

一次失败的企业兼并

兼并的对象是一家区属集体企业，生产原子灰，也叫高级扳金腻子，是汽车修理时，喷漆之前对扳金进行打磨用的。

我使用了全部的可支配的资源整整折腾了半年，最后不得不放弃了。原因是我小看它的技术了，它的技术指标都是对立的：软和硬、快和慢。"软"是指结构松软，刮到扳金上干了以后，用砂纸刷刷几下子就能磨平。"硬"，是指粘到扳金上用锤子都砸不掉。"快"，是指刮到扳金上几分钟内干透。"慢"，是指放在桶里几个月也呈糊状。对这完全相对立的两组四项指标，靠所掌握的技术是无论如何也达不到的。

开始以为是配方问题，后来才知道是它的最基本成分——树脂的问题，是我生产的树脂不行。我为了寻找树脂技术想尽了办法，在一辆北京吉普上颠了25天，拜访了许多业内行家。最后知道了，生产这种专用树脂的技术难度非常之大，北京、沈阳、常州等研究所搞了多年尚未能突破。正是这个原因，日本关东的"99"牌才能够长期独占中国市场。

我还能继续干下去吗？只有放弃。几吨达不到标准的原子灰低价卖给了家具厂，几十万元的资金，就这样地完了。如果在实施兼并之前，对该项目的核心技术能有一个透彻的了解，这一切是不会发生的。

对技术，要弄清先进与否？成熟与否？与核心技术匹配的技术、工艺、设备、工具是什么？这关系到技术转化为质量、功能的条件，标准化的可能，产品附加值；关系到投资金额的多少，时间的长短；进而关系到整个投资计划的制定。对项目要素的通透，是把握具体投资目标首要的资本。

屠龙刀与烧火棍

在人们的观念中，创业投资就是投入货币，发展经济就是招商引资。有一个地级城市，为建一个三联供电厂——一个电厂供三种产品：电、热水、蒸汽——的项目，向市民承诺，谁能引来投资谁就是这个项目的法人。于是有数十个市民在亲戚、朋友的支持下，带上政府提供的全套文件，踏上漫漫的引资之路，满世界寻找银主。结果找到的都是银主的代理的代理——还是假的。而他们引资的钱都是借的，结果引起了大量的讨债、绑架、杀戮，一片混乱。

假定他们拿到了钱，项目能搞上去吗？组合了一堆物质资本能够运转起来吗？例子中的主人公或许读过金庸的作品，在他们的潜意识中把投资创业看做了江湖中的纵马论剑，相同的思维逻辑、相同的运动轨迹——不惜耗竭时间、精力和能够筹划到的金钱，千方百计地寻觅。这就和武林中人跋山涉水寻找武林秘籍，寻找为了区别以往全部资本概念——我把它称之为"F"资本——一样，以为找到了它，就可以出人头地，鏖战江湖，号令武林。如果真的找到了，让你怀揣秘籍，手持屠龙刀，你还是你，非但不能号令武林，相反只能被高手杀死。手拿《孙子兵法》的不都是孙武，手握屠龙刀的可能连拳打脚踢还没练过。假设拿屠龙刀的人碰到杨家将烧火的丫头杨排凤，一棍子就可以打死他；相反，你要是练成了独孤九剑，不用什么屠龙刀，一把普通的剑也能够天下无敌。

真本事不在剑本身，在于与剑术结合的人——剑魂。手中有剑而心中无剑，是有其器而不得其意，有招式而不得其精髓，多好的剑也是烧火棍。剑是为了杀戮而存在的，杀戮的艺术就是剑的灵魂，是对剑的超越。

资本是为了增长而存在的，增长的艺术是资本的灵魂，是对资本的超越。这种超越，对剑而言叫独孤九剑，对资本而言就叫——"F"。

四、"F"的意义

"观念可以改变历史的轨迹"，"F"资本观念的确立可以改变投资的轨迹，对投资者而言，改变的则是人生的轨迹。

（一）突破资本概念的束缚

传统的资本概念主要是指物质要素。由此产生对投资行为的误导：一涉及创业，则一个项目、一番论证、一笔资金、一伙人、一通鞭炮、一张执照——开张了，干起来了。等到干不下去

13

了，灭火了，分析原因是项目不行，于是乎，重整旗鼓，另起炉灶。投资行为就整体而言是此起彼伏，前仆后继；就个别而言是，"见到我们的时候，我们在开张创业的亢奋中，见不到我们的时候，我们是在停业灭火的反思中。"长期以来，是资本概念引导我们把投资理所当然地认定是投入资本，而资本又主要是物质要素；是资本的物质性观念框住了我们的思维，束缚了我们的头脑，限制了我们的行为。

（二）走出知识经济的误区

当人们发现并强调知识对经济的作用时，便不容分说地把知识与经济直接联系在一起，叫"知识经济"。这对突出知识的作用倒也无妨，它引导人们把知识本身看成经济，使人以为只要有了知识就可以"经济"了，有了知识经济就"新"了，凭知识就可以投资了。于是有人仅仅依靠自己的专业知识开张创业。

这个误区忽略了知识与经济之间至少有三个转化：理论到技术的转化、技术到产品的转化、产品到市场的转化。这是三个绝对不可逾越的过程，这两个过程其艰难程度往往不亚于知识本身的创造。

它还掩盖了完成转化的关键性力量。谁来完成知识与经济中间的转化过程？是"F"资本。知识变成经济的关键是什么？是"F"资本，"F"资本是完成知识应用到传播的能力。比尔·盖茨曾说微软的几千亿美元都在他的脑袋里，这当然是对的。但许多人把他脑袋里的东西看成是软件，错了。软件占10%，90%是"F"资本，因为软件的价值是由流通的数量决定的。创造流通数量的是什么？是把软件市场化的能力，是商业才干和商业手法，比方说把应用软件捆绑在视窗上。

（三）明确资本积蓄的方向

"F"资本的观念揭示了投资的本质是投入一种创造力，投入积蓄的智慧、驾驭要素资本的能力。有了这样的资本观念，对如何创造、积累这种资本就有了方向。

方向在哪里？在自己的脑袋里。把时间、精力指向脑袋，首先在脑袋里完成资本的积累。积累的目标是获取这种投资的能力与资格。在通向目标的进程中注意力是至关重要的，而最直接的实践体验更是绝对不可替代的。在注意中实践，在实践中注意。或者是在思考中体验，在体验中思考。这样的过程只要能够持续，有实用价值的创造性直觉就会产生，在逻辑上可能不相干的东西在潜意识的领地相遇、碰撞。于是顿悟了——突然醒悟了，灵性出现了——突然一个念头浮现了，可能是直接感受了某个现象，也可能是无缘无故的。有一条是共同的，那就是直觉的产生总是与你的所思、所想、所关注的事情有关。就是这样的注意、这样的实践、这样的观察、这样的思考、这样的直觉，促使脑袋里的资源在开发、思维力在增强、能量在积蓄。如果把它指向一个具体的目标，就启动了能与力的闸门。明确方向——怎么来的？创业素质。

结　　论

灵魂资本的观念告诉我们：什么是真正的资本，投资是要投入一种什么"资本"。由此产生对投资实践的新理解、创业投资的新境界。

资本之根

灵魂资本是从创业的主体与精神层面，揭示创业的本质，与之相对应的是创业的对象与物质层面，在这个层面上，创业的本质是什么呢？

你凭什么创业？凭什么规避风险求生存？你靠什么竞争？靠什么自立于企业之林？这所"凭"所"靠"的"什么"是资本的"根"，企业的"根"。

提出了"根"的说法，首先就要证明有没有这码事，有没有"根"的存在。

一、"根"的存在

（一）大山临盆

拉封丹寓言中讲了一个"大山临盆"的故事：话说这个大

山要生孩子，先是雷鸣电闪、日月无光；接着是狂风怒嚎、飞沙走石；再接着是房倒屋塌、生灵涂炭……；最后，山崩地裂、轰隆一声巨响：生出一只小老鼠。

创业中的一家企业演绎了一场现代版本的"大山临盆"。

有一家投资保健品的公司，自己以为摸到了史玉柱的脉，明白了做保健品的套路。他们下气力搞了一个完美的营销策划：

第一步是科普。请专家撰写文章，找患者现身说法，通过传媒多渠道地给人们的脑袋里打下对这个产品的烙印。

第二步是铺路。发"诚征"广告寻找代理商，设计一个回报诱人的代理销售模式，通过代理使药品进入销售终端。

第三步是广告。在铺货大体完成之际，事先准备好的广告接踵而来，铺天盖地。

在这种条件下，产品销售呈现令人激动的势头，但就在投资者与策划者沉浸在成功的喜悦之际，忽然噩耗不绝，产品陆续从药店的货架上被撤下来，原因是疗效不如副作用更明显。

至此，巨大的前期投入付诸东流，精心的营销策划功亏一篑。

销售固然重要，但是，再重要也不应该忘"本"。十全十美的营销计划代替不了一个东西，缺省了一个东西——根，也就是对消费者的真实效用。离开这个根，无论你怎么闹哄，再好的营销也是无本之木，再大的响动也是"大山分娩"。

（二）收缩中的凸显

1998 年，在深圳的两次展销会的间隔期间，我考察了珠海的一家服装公司，老板是我们在展销会上认识的。到我们认识的时候，他的企业已经连续 3 年徘徊在微亏状态。经过一通考察与讨论，我们共同的结论是两个字：收缩。

一旦要收缩，根的存在就凸显了。首当其冲的是对现有的系列产品进行选择：是否具有某种优势、特性。发现了，突出它的

17

特点，强化它的功能，打造品牌声誉，提高技术含量，用砍掉的业务节省下来的资源去充实它。这个品种就是胸罩。然后把它定位在高档，增加科学内涵——"这个胸罩如何如何了得"。

综观企业行为，在他们平稳行进时感受不到根的存在；一旦发生剧烈变化，就会触发思考，有深度的思考会把理性引向事物的本质，引发了根的意识的萌生。任何企业，尤其是新创建的企业，必然有一个生存条件、生存资格、生存权利的问题。对它的描述，"根"这个字最本质、最形象。

根是一个客观存在，能否给它一个精确的定义呢？

二、"根"是什么

（一）对实体经济而言

对实体经济而言，根是扎在正当的恒久需求之中的真实品质和效用。

我的企业也曾在媒体上露过脸，那是 1999 年，为了把我开发的新型太阳帽推向市场，我在《中国旅游报》连发 3 期"诚征"代理商的广告。但结果是没诚征到几家代理商，却征来了无穷无尽的"服务"。

"服务"的信函像"六月雪"纷纷扬扬，络绎不绝地塞满我的信箱，堆到我的案头：

1. 有的要给我的产品以名牌称号，——交 3000 元钱；

2. 有的要用某个大名，为我的产品来"监制"，——交 3000 元钱；

3. 有的高兴地通知我成了什么名人，——交 3000 元钱；

……

服务，是创业的大方向，不是说发达国家服务业占 40%，而我们国家才只有 17% 吗？但是——服务所面对的需要应该是正当的。像上面这样的服务，依附于腐败、依附于浅薄、依附于虚荣心，就不是正当的。这样的创业项目，不是扎在恒久需求之中的，更谈不上具有的真实品质和效用。此类营生是没有什么根可言的，实实在在的事才有根的存在。

（二）项目生存的基质

根是吸引、影响、制约其他社会成员与你进行交换的资源。

根是企业生存的权利、活下去的条件、站住脚的基石，即存在于资本肌体之中的物质基因。显露出来，是争夺市场份额的力量：别人没有的；先人发现的；与人不同的；强人之处的。比如：先人发现的。

"绵羊与斧子"的启发

中心城市每年有不下几十个各类展会博览会，我曾经在两年时间里参加 8 次博览会。展览结束后，对参展商来说麻烦的是什么？是要把展品打包弄回去，这才有最后一天甩货。撤展前的参展商之间的易货贸易：一只绵羊换两把斧子。

有个家住在会展中心附近的小伙子，注意到这种情况，发现了商机。

他琢磨：能不能把参展商品买下，他得了价廉货源，展商落个轻松便利。他先与我谈了，把我报给他的出厂价乘上 80%，我马上算计一下短途与长途运输和打包装卸的费用——差不多：成交。我把全部剩货卖给他。接着，他如法炮制，连续和其他展位接洽。

展销会下来，他以低于批发价的价格进了一批货。半年后再碰到他，他已经成立了自己的展会营销公司，他在每次展会时都准备好了现金、货车和搬运工，撤馆时，立即进场打包。

抓"信息不对称"的空当

创业，特别是进入完全竞争领域，租个床位，开个小店，就更需要某种优势。比方说成本，只要在成本上有所建树就有了生存的资格。

电脑商家都销售先进的产品。海龙电脑商城的一对小夫妻，是对我进行电脑服务的"专业户"。有一次我对他们讲，信息不对称是永恒的，就以你们经营的电脑硬件为例，是如此这般……

小两口真的当回事，专程去了趟东莞，回来后情况就今非昔比，开始专门出售"积压品"，就是一些大型 IT 厂家眼中的淘汰品和剩余配件，但都不是残次品，特殊之处是价格便宜。IT 产品更新的速度非常快，决定了这类产品的货源稳定，总是有厂家眼中的过时产品可供挑选。

信息不对称的永恒性，使他们在完全竞争领域强人一点。

就那么一点，可以是质量的、功能的、外观的、设计的、成本的、模式的、规模的。总之是要高人一筹、优人一档、强人一处。这就是创业的根。没有它，任何创业都会是无根之浮云。

程咬金这斯打仗有三板斧，有了"别人没有的、先人发现的、与人不同的、强人之处的"这样一个优秀的基因，即项目生存的基质是很必要的。但仅仅靠这一点还不是根，因为好东西会很快被人家效仿，怎么办？

（三）综合而成的优势

根是资本生存能力的优秀基质及相关要素的综合。

基因仅仅是生成根的胚胎。在你把它从隐匿中挖掘出来之后，很快会被复制。所以，胚胎需在发育中综合形成根系：主根、侧根、须根、径根、冠根，共同构成一个完整根的系统，建立难以复制的层层屏障。

当今干得漂亮的企业，都是能够创造性地把资源、技术、运作模式等多方面结合起来的企业。我们通过奶制品知道了驻守内蒙古大草原的企业：

1. 他们创造性地运用了泰国正大公司加农户的模式；

2. 囊括了草原的自然资源和牧民的养殖经验的资源；

3. 细分市场形成产品系列；

4. 高举绿色大旗，形成了基础深厚、难以仿制的竞争优势。

有形的项目有根，虚的东西有根吗？比如，网站的"根"是什么？

可以把网站比喻成一个商城。商城靠什么盈利？向业户收摊位租金。业户凭什么向你交租金？是在这里卖货能赚到钱。这里怎么就能赚钱？是来这里买货的人多。为什么来这里的人会多？是因为这里的货好：品种齐全、质量可靠、价格合理、交通方便，等等。

网站的基本盈利模式是广告。凭什么在你这做广告？因为来这里看信息的人多，为什么来这里看信息的人多？因为这里内容丰富、新鲜可靠、分类清晰。

可见，"内容"是网站的"根"。

牧童遥指杏花村

"借问酒家何处有，牧童遥指杏花村"。梦里寻它千百度，蓦然回首，指路原是"收费"处。百度经过长期摸索，找到了收"指路费"这个盈利模式。

这个模式就是用百度的流量将用户指引到某些公司的网站，带动这些网页的访问量。比如把彩铃下载指向、链接到唱片公司的网站。

为什么可以收指路费，因为它"门清"。它以其强大的检索功能抓取符合检索指令的信息，提供给检索者。是"功能"吸引大量的检索者——问路的人，问路的人多了，就产生了"引路—指路"的职能——牧童。于是就有了收费的对象——酒家。

归根结底是信息检索功能的强大带动了访问量，而信息检索的功能强大落实到信息量巨大的本身，所以，还是内容最终决定了收取"指路费"。

知道了什么是根，就产生了对根的存在的认知、产生了根的观念和寻根育根的行动，这样，对创业的成败就有巨大的作用。

三、"根"的作用

（一）决定程序的设计

我熟悉的两个老总都热中于"造壳"。

一个是把总公司给他的乙烯进口设备库当厂房，弄了300万元去改造这个库，但外商的生产线进来了，却没有流动资金生产，只能望库兴叹。

另一个，3年前开发了科技含量很高的无线通信产品，先造个巨大的彩壳，在花园厂区当起了"山大王"。我说，你应该种上果树，那你就是美猴王。这个美猴王当的并不滋润：由于对该产品的开发周期之长，检测过程之多不是心中有数，资金供应中断了。现在，养着技术骨干满世界找合作伙伴。

这两位仁兄如果不是先造壳而是先造根，怎么会有这般窘困。

创业过程中，在时间安排、资金使用上，先做什么后做什么？回答是：根，也就是关系项目生死的那一个或几个关键。先找到它、抓住它、解决它，然后再办问题的其他。否则，等待你的是一堆烂摊子。

（二）"未战先胜"的条件

《孙子兵法》中有一条融会全书、贯穿始终的鲜明主线，全部兵法都是建立在它的基础之上，这个思想是什么？"知用兵之利害"。正是在"知用兵之利害"这样一个基础之上，才有"兵者，国之大事，死生之地，存亡之道，不可不察也"；才有"知可战与不可战者胜"；"知己知彼"、"知天知地"；才有"上兵伐谋"；"未战庙算"；"不战而屈人之兵"；"主不可以怒而兴师，将不可以愠而致战"，等等。

在"知用兵之利害"的基础上，产生了一个具有极高战略价值的思想，那就是："未战而先胜"。就是在打仗之前，首先考虑的是如何保存自己，再谋划怎样战胜对方。怎么才能"未战而先胜"？是要造成不被敌人战胜的条件。

创业正是这样，你的项目最终能否赚到钱，影响的因素很多，尤其是市场的不确定性是你很难把握的——但是，你应该而且能够做到的是：

先创造项目能够生存下来的条件，这就是发现、创造、培育、抓住项目的根。

（三）务实，还是务虚

这是2005年的春天，我应邀为一家名叫"美丽工坊"的企业做公开的创业咨询，地点在北京市劳动就业服务中心。

老板参加了一个叫做"西曼色彩"的培训，接着就创办了色彩服务的公司，服务的基本内容是以女人为对象，根据其皮肤色调对其服装进行色彩搭配的设计及其延伸服务。一年过去了，几乎没有什么人来接受服务。他们仅仅购买服务的"道具"和房租，就耗费了十几万元，门庭冷落，难以为继。

项目本身是否具有生存的社会需要，是一个创业项目能否存活的"根"。而这关系到对"西曼色彩"的评价。所以，只能抛开这个大前提，把它当做一般性的咨询服务来分析。

要做好咨询服务，至少有三件事是基础性的，这是这个项目能否成功的根本：

1. "真品质"，你凭什么从事这项服务，也就是你是否具备能真正为人家解决问题的本事与资格；

2. "公信力"，也就是解决人家对你的信任的问题，为此，可能需要戴上一顶"大帽子"；

3. "知名度"，在具备内在真实的品质与信任基础上，要持续地打造自己的名气。

这三条是咨询服务的"根"，没有它则先解决它，在没解决之前，或不具备这三项条件，任何所谓的咨询都是没有前途的。这三件事，好比是一座高楼的地基，地基的深度直接决定着楼房的高度。打地基是个艰苦的事情，整天在地平线的下面流血流汗，像码砖那样有成就感，但是，不打基础就盖楼是盖不起来的。

许许多多的创业者，热中于轰轰烈烈，轻埋头苦干的有之；先搞基本建设铺摊子，再完善技术工艺的有之；先弄出产品，再找市场的有之；先租下门面堂而皇之，再磨炼服务内容的有之；先搭起架子，再寻找经营模式的有之。凡此种种都是虚无的创业观念使然。

"根"的观念就是务实观念。务实就是干实事：打枪的不要，悄悄地进村。

（四）决策的第一依据

我开发的一个产品一度陷入了困境，面临着干还是不干这样一个痛苦抉择的煎熬。犹太人有撤退原则：一旦发现某项业务不行，不管前期投入多少，赶紧撤出避免更大损失。而王永庆却有着相反的观点：新产品上市不被人接受是正常的，办法是通过扩大规模、降低成本、通过"瓶颈"。犹太人和王永庆闹对立。我该如何抉择？我在深圳、北京和成都的销售终端都站立过一周，亲眼见那些被我的产品的新颖所打动的人，望价兴叹——问题是价格。经销商的积极性来自批零差价和走货量，缺一条他都不跟你玩。问题也是价格。价格的背后是成本——这就是这个项目存亡的根。

这时，我认识了一个去新加坡"出劳务"回来的小伙子，他掌握的电脑开模技术，可以使开模成本下降80％，我眼前一亮：既然开模成本能下降，我可以用铸塑代替金属冲压件，把一个占成本80％的构件降低了80％。结果，整个局面焕然一新。

创业，是不断地面对各种问题和困难，在多种选择中抉择的过程。当你面临多种选择的时候，有了"根"的意识，就有了判断问题的支点：模糊的，变得清晰；复杂的，变得简单。你会突然发现，面对"根"，一切问题就成为：只能这样——别无选择，必须如此——别无他途。

结　　论

"根"是扎在正当恒久需求之中的真实品质和效用；制约其他的社会成员与你交换的战略资源；资本生存的优秀基质及其相关要素的综合；"根"的观念决定创业程序和解决问题的视角。

模　　拟

那么，一个项目有了"根"，就可以干了吗？ 2000 年 5 月，南京的几个朋友搞了一个投资项目，要我帮助他们谋划。

一、模拟投资的尝试

（一）一个风险叠生的项目

该项目的内容是生产用于添加在混凝土中的防水剂和防水涂料，拟打进即将开工的南京地铁工程。准备工作进行了半年，到我抵宁之即∶注册了中外合作企业，引进了韩国的技术，确定了生产场所，建设了办公设施，完成了人事安排，选择了原料渠道。一切都在计划中紧锣密鼓。

这是一个看上去不错的项目，有地铁工程这个产品出路，有韩国的领先技术。我经过一个月的详尽考察，发现它潜藏着巨大的风险：

1. 产品和投标的矛盾。没有产品用什么投标？如果投标未中，整个生产投入岂不落空？投资夭折的风险被投标成功的心理预期和对技术领先的信心掩盖着。

2. 投标没有突出优势。技术水平所体现的质量，生产经营水平所体现的价格，企业的规模体现的形象都没有证明此项目的优势。

3. 技术的消化与控制。高标准防水剂工艺并不简单，对设备及操作条件要求严格，要消化和掌握技术，完全依赖朴博士对上帝的虔诚，失去了对企业命脉的主动权。

4. 厂址距离城市太远。厂址设在句容如何管理？通勤？往返南京路上要 4 个小时；派驻？要指定专人长期住厂；委托？聘请何人来管理？都有实际困难。

一个月之后，我提出了详尽的意见，停止了正在执行的计划。

（二）一个颠覆性的计划

1. 进口一批产品。从合作伙伴——韩国企业进口一批产品组织销售。这样，可以在不影响投标的情况下规避投标未中的风险，可以在市场上验证该产品的技术领先程度，还能够考察该产品对本土市场的适应能力。与此同时，发现目标客户，探索入市通道，寻找销售模式。

办法是简单的，只要与我们未来的产品在名称和包装上一致就行。

2. 独立与捆绑结合。不放弃独立投标的同时，与具有优势的公司合作，用我们的优势充实杜邦，在提高联合竞争力中分一杯羹。

3. 渗透建材市场。在较长时间内，我们的产品在质量、品

27

牌、系列化上没有优势，特别在长三角乃至华东。我们所拥有的是地域条件所决定的成本价格优势，只有立足南京，我们才具有销售成本和人际关系的优势。

办法是：一个一个地蚕食20多个搅拌站，巩固阵地后辐射周边。

4. 特别行动小组。组织一个精干的特别行动小组，专门寻找在建的、待建的、维修的大大小小的水利工程及一切与水有关的工程项目。

5. 进行实验性生产。在开拓出一块市场的前提下，进行小规模的实验性的生产。有合格产品，逐渐地补充和替代进口产品；生产的重点在于消化技术、掌握控制指标、工艺条件、检测手段。

6. 规模生产的条件。如果市场能够稳定，才可以考虑停止进口，适当地扩大生产。这至少是一年后的事。

对这个计划，他们在感到吃惊之余有某种失落，但经过激烈的思想交锋，最终接受了这个方案。首战落马湖，再战太平渡（运河工程），首先在代理销售上打开了局面……

在南京方案设计中，是我在长期企业实践中形成的，沉淀到潜意识之中的理性观念，碰到具体问题显露出来。主要是：

1. 风险防范意识；
2. 逆向投资方法；
3. 创业的模拟程序。

二、逆向投资的方法

（一）风险的防范意识

在南京的谋划中，每个环节都设计第二方案，每一个后续方案对上一个方案来说都是退路，比如：

投标不以产业投入做赌注；独立投标不成，有捆绑式的联合投标；如果捆绑不成功，还有自己独立开发出来的市场；如果打不开外地市场，还有自己身旁的搅拌站；万一在自己身边的搅拌站也一筹莫展——当然，这个可能性应该是极小的，即便这样，也不过是别人的品牌代理商，退出是轻松的事。

创业者的风险意识主要表现在未战而妙算。许多创业者，一般算七八成便觉得可以了，剩下二三成往往就忽略不计了。真正的风险意识是对那二三成要有所交代、有所安排，所谓交代与安排，就是要设计出几种可能，对每一种可能，都要在计划、程序、操作方法上设计出变更方案和退出方案。非万不得已绝不背水作战。

那种毕其功于一役的豪迈，破釜沉舟的勇气，都是"神风特攻队"的自杀。一旦技术上出现了不曾预料的事、一旦市场拱不动、一旦现金流中断，系统的空转是任何创业者都难以承受的。

（二）传统理论的主张

传统的投资学和市场营销理论对创业投资的主张是：通过市场调查发现需求，根据需求确定目标，再进行有规模的投入。大多数创业者都很少例外地遵循这样的程序。

事实证明，通过所谓"市场调查"决定投资的目标并不可行。所谓市场预测是靠不住的，因为预测所依赖的工具不可靠。依靠预测进行项目决策的弊端是，一旦产品销不出去，后果不堪设想。

既然市场重要，为什么就不能先把市场问题解决了，把网络、终端问题通畅了、敲死了、砸实了，再进行有规模的资本投入呢？我们可以大胆地设想，如果把投资的顺序颠倒过来会怎么样呢？从销售开始向前推进。这可能吗？一个显而易见的矛盾是：没有产品销什么？

（三）虚拟销售的办法

回答是"虚拟销售"。要么找到一个与你的目标贴近，在功能上可以替代的商品来销售；要么把你的目标产品让别人做出来销售。许多创业者无意识地走过了先市场后工厂的道路。当初，种种原因使得他们先进入了流通领域，又是种种原因使他们进入了生产领域。大凡这样做的往往成功率较高。

跨国公司在华投资选择循序渐进的策略，先销售它们的产品，建立它们的网络和终端；读懂中国的市场之后，再进行直接投资，而且是规模由小到大逐级递进。尽管它们已经拥有自己的产品，但是在投资的阶段设计上采用的却是先市场后工厂的办法。

三、模拟创业的理论

南京策划的理性观念中，除风险的防范意识和逆向投资方法外，还体现着务实观念、先难观念、生物观念等。但所有这些的最高归结是模拟，模拟是创业观念、程序和方法的统一。模拟的思想是凭什么提出来的？根据是什么？

（一）为什么要模拟

南京的朋友们同所有的创业者都一样，在迈进创业门槛的时候，面临他意识不到的三个矛盾。

一是创业能力与创业实践的矛盾。创业的能力只能来源于实践，而创业者通常是在没有实践，也就是尚不具有能力的情况下开始创业的。使得创业者事实上面临两难的境地：要干，不具有能力；不干，就永远不会获得这种能力。解决的办法是小规模探索前进。在干的过程中，在对项目的理解中增长能力。

二是功能创造与功能决定的矛盾。产品是用功能满足需求，矛盾由此产生：功能的制造者不是功能的决定者，决定者又不可能对尚未产生的功能做出决定。于是乎，总是制造者先把功能制造出来，由消费者进行选择。这对制造者来说，等于在制造送审的样品。功能的事先制造和消费者的最终选择，决定着产品的样品性，进而决定制造的实验性。

这两个矛盾决定了第三个矛盾：演习和实战的矛盾。创业起步后的一个时期，面临诸多种要素的磨合，如核心技术的确证、销售通路的寻找、运行模式的探索。这是创业开始时绝对回避不了的问题，是一个不能逾越的阶段。而所有这一切，本质上都是演习。

而所有的创业行为，都是一开始就实实在在地干起来，把本来是演习中解决的问题，拿到真刀真枪的实战中，就出现了我们所见到的太多太多的景象：在一场混战中败下阵来。

31

（二）不模拟行不行

这是一个隐蔽得很深的存在。没人告诉投资者，在你的航船起锚时，最先驶入的是一片隐藏暗礁的水域。

由于对这个巨大存在的无意识，一开始就遇到诸如技术成熟程度问题、经营模式问题、通路阻塞问题、系统功能建设问题。尽管前行的愿望是那么急切，却始终不能摆脱层出不穷的、桩桩件件都撞到鼻子上面的问题。就像在山里迷了路，不由自主地徘徊——以出发点为半径的徘徊。到处起火冒烟，按下葫芦浮起瓢，有时还没等把一个葫芦按下去就起来几个瓢。一个磨合中的、不稳定的系统，不论是哪个构成要素、哪个点的衔接出了问题，都很容易导致系统的崩溃。许多投资就是在这样的混乱中瘫痪的。

如果用"三个矛盾"去观察这些景象，会发现一系列混淆：

1. 真与假。把有待验证的东西当成了资本投入的既定前提。

2. 先与后。把本应该事先准备好的事情放到了项目展开之后。

3. 多与少。把本来能够用少量资金完成的事，投入了超过必要限度的资金。

4. 大与小。把可以分别完成的事，拿到有规模的系统中来做。

无数的失败像计算机的程序一样被预先设定着，接下来的程序是反思。大大小小的老板怀着无尽遗憾，带着深深刺痛在反思。学者用基数或序数罗列无尽的评说。没有哪一条是不对的，却没能跳出一个框子——对噩梦中情景的描述；没能摆脱一种思维方法——直接的因果关系的对应；没能超越概念——用现代企业概念切割生动的创业实践。

（三）模拟是对三个矛盾的应对

我们看见了这个矛盾、发现了创业者的两难的境地，怎么办呢？从承认矛盾的存在，从"两难境地"的实际出发，理性的思考会想到用模拟的方式来开始创业的实践。

1. 模拟，对获得创业能力而言是一所学校：创业者自己为自己建造的学校，避免获得能力要付出高昂成本。

2. 模拟，体现了为获得投资能力而对实践的选择。

3. 模拟，对市场未知而言是制造样品，以能够产生功能为限，体现了对市场不确定性的应对。

4. 模拟，对创业的整个过程而言是继往开来，对前面，是检验资本之"根"；对后面，是顺利进入运转。

（四）模拟是制约非理性思维

模拟还有一个特殊的功效：制约来自创业者的非理性思维。创业中常有这样的现象：在许多人看来不可行的事，当事人却信心十足，直到撞到南墙头破血流方如大梦初醒。为什么？说明此公进入一个思维定式之中：一是心路进入一个轨道，并沿着这个特定的轨道滑动；二是思维被框在一个圈子之内。这就是创业者一旦进入角色，不可避免地产生的一种思维趋势。

一旦确定了创业目标，对利益的追求就会转化为对目标的追求。追求目标的过程强化着实现目标的愿望。日益强化的愿望产生一种"注意"的心理现象，即心理活动对特定事物的选择，把意识固定在目标上又产生了特殊的"心理偏好"，"偏好"会自然地转化为对目标及其相关假定的信任。

至此，加强的信任是宗教般的信念，表现为义无反顾的气概、一干到底的豪迈。思想像久旱的沙漠疯狂地吸吮、关注、搜索、捕捉、吸纳一切对目标有利的信息：一个梦，会想象成神的启示，命运的召唤。对一切理性的劝告、善意的提醒，从感情上自发排斥，对已经呈现出来的危机视而不见。

这是对创业者内心世界的描绘和梳理，投资人会在不同程度上进入这个怪圈。模拟，一经被硬化为程序，非理性思维和偏执心态就会受到限制。人性的其他弱点——简单的仿效、偶像的效应、成功的祸患、投机的心态和项目本身的缺陷也会受到制约。

关于模拟，还涉及模拟的程序、规则、方法和标准问题。比如，模拟是创业总过程中的一个程序，在这个大程序中还有小程序；再比如，模拟是在实施模拟中必须遵守的若干原则：规模要小，速度要慢；还有方法，可供选择的方法有12种之多；模拟的标准有三个"行得通"与"三个平衡"，等等。

结　论

1. 模拟是创业的一个阶段，是以探索的方式完成对项目特征的理解，以实验的方式完成对项目可行性的确认，以建立动态系统模型的方式实现对项目的把握，从而为进入运转做准备。

2. 模拟是资本的孕育，运转是资本婴儿的诞生；模拟是一场演习，运转就是实战；模拟是为资本的生存准备条件，运转就是为资本增长奠定根基；并在这一过程中完成创业者向管理者的过渡。

规律之四：

运 转

35

一、我给通化药厂做咨询

（一）故事的缘起

2004 年春节，通化一个药厂的老板在海南买了本《民富论》，回来后又派人去长春买，市人大办公室的人也派人去长春买。过了些日子，工厂和政府的人碰到一起，有人提到要找作者，通过电子信箱与我联系上了。再后来，这个制药公司的董事长和副市长一行 5 人到北京找我，要我过去给他们做咨询。

（二）严峻的形势

这家药厂面临这样的形势：一年前投资 3000 万元建了一个

药厂，36 种药的生产能力已经形成。问题是：投产半年，月平均销售收入 50 万元，费用 80 万元；管理混乱，滴漏跑冒，令行不止，问题层出不穷。老板心急火燎。

我先是仔细地看生产流程的各个环节，详尽地了解一切想了解的情况；接着，与董事长、总经理、总工程师交谈；再接着与技术、生产、销售、财务等部门的负责人座谈。我逐渐地发现了最紧迫的问题是什么、原因是什么、解决的办法是什么。也发现了根本问题是什么，原因在哪里。同时也就想到了解决问题的办法。

（三）解决的方案

基本思路是标本兼治，先治标，后治本。

1. 控制资金使用。

（1）缓建。缓建公司办公楼和职工宿舍。

（2）梳理。逐条、逐项梳理各项成本发生的合理性与必要性。

（3）控制。从源头上杜绝不紧要、不重要、不合理的费用的发生。

（4）封闭。对现金实行高度集中的封闭式管理。

2. 启动经销公司。

（1）内外兼做。捡起当年的看家本事，继续利用已有的销售公司，在继续为其他药厂"做品种"的同时，销售自己的产品。

（2）独立核算。销售公司与工厂在财务上分开，实行内部结算价格，各自为战。

（3）老板挂帅。老板发挥强项，在任董事长的同时，兼任经销公司的总经理，不要兼事实上只有厂长职能的总经理。

（4）选聘人才。另聘有工厂管理经验的总经理。

3. 压缩生产品种。

（1）选择品种。根据半年来的 36 种药品的市场表现，按照单品种的销售额和附加值两项指标，从 36 种选出 10 个品种集中生产。

（2）减少切换。通过减少多品种，减少由品种频繁切换引发的系统清洗导致的成本增加和人工与时间的损失。

（3）压缩采购。在减少生产品种的同时，减少多品种产生的采购成本。

（4）压缩仓储。精确核订单品种的生产周期，向主要品种集中，从而压缩仓库的原料储备定额。

4. 实行目标管理。

（1）确立目标。工厂管理以降低成本为核心建立成本定额，确立降低成本的阶段目标。

（2）抓住重点。重点是中草药的萃取环节，这是投入产出的关键环节和隐蔽环节。进行不同药种的实验：包括温度、压力、时间、浓度、次数、水量，找到最佳控制指标。

（3）指标控制。要改变以方剂萃取为药品的单品种类萃取。实现用最少热力消耗达到最大单药有效成分产出的目的，从而找到最大产出的综合控制点。

（4）人员培训。用细化的岗位操作法培训职工，实行考试上岗、末位淘汰继续培训的办法，强化控制指标的落实。

为落实方案，政府成立了三人辅助团队督促实施。效果当然是好的。

（四）不老的老中医

回到北京与茅于轼老先生谈起此事，他问我，你提出这些方案的根据是什么？我说：我像个不太老的老中医，要理解企业的阴阳五行，气血营卫，经络脉络，金木水火土的相生相克。在整体的相互联系中，从个体差异中发现问题。

看企业，先看它处在哪个阶段。通化这个企业处在资源要素大合拢，通路建设在探索之中，生产能力刚刚形成，系统处在磨合阶段，是一个变数极大、极其不稳定的高风险阶段。

这时，稳定系统是全部问题的关键、是压倒一切的首要目标。稳定不是静止而是动态的，决定了稳定的核心是运转，运转是关键中的关键。运转的条件是能够用销售收入补偿全部费用，这样，这个新企业才能活下来，只要能活下来，一切问题都能够慢慢地解决。

一个等号值 9999 美元

美国物富公司的一台电机坏了，几经努力都没修好，于是，他们请来德国技术专家斯坦门茨。他在电机外壳画了一条线，说："打开电机。记号里面的线圈减少 16 圈。"人们照办，好了。1 万美元。老板说："用粉笔画一条线就要 1 万美元，太贵了！"斯坦门茨说："用粉笔画一条线只要 1 美元，但知道在哪里划要 9999 美元。"老板折服，付了钱。

通化的问题是画两条线，两条线是什么？那叫等号。等号的一边是全部耗费，另一边是销售收入。耗费要减——全部措施放在"减"字上。收入要增——全部措施放在"增"字上。一增一减，千方百计，什么是千方，999 方加一方；什么是百计，99 计加一计——直到两端相等，大体平衡为止。

画一个等号值 1 美元，知道在等号两边添什么，值 9999 美元。

为什么等号如此重要？

二、运转就是一切

这里说的运转，区别于教科书和通常的理解——以盈利为目的的资本循环运动，而是具有特殊意义的运转。

（一）特殊意义的运转

目的就是活着。书本和现实中的运转，是以增值为目的，从资金投入到资金收回周而复始的运动。作为创业的一个特殊阶段的运转，目的不是盈利而是活着：第一是活着，第二是活着，第三还是活着。

内容就是补偿。销售收入能够补偿运转所需要的费用是运转条件。它意味着可能微赚，也可能微亏；总之，收入与费用大体相当即可。

一切服从运转。只要能活，规模能小则小、投入能少则少、资源占用能减则减，就好像水桶，高于水平面的那几块木板统统砍掉。同时，活所需要的条件，从资源到要素"一个也不能少"。

运转的特殊含义，是以生存为目的、以补偿为内容、以实现自身协调为中心的资本运动。这样的运转就是一切，创业的一切，新企业的一切。为什么是一切？因为是"一切"，所以是一切。一切意味着全部，全部的全部。

（二）创业程序的重要阶段

1. 承上启下的过渡阶段。这个阶段是创业总程序的一个大过渡。运转的前面是模拟，是对模拟的自然承接、是完成了孕育的企业这个婴儿要生出来经风雨、是完成了演习的军队要投入实战。运转后面是以盈利为目的的企业持续的经营活动，运转是它的准备和奠基，是项目的成熟和强健的过程。模拟是生存的准备，运转就是生存的本身和发展的基础。

2. 观念与程序统一的阶段。反映创业规律的观念存在于创业全过程，运转则最大限度地体现着：把求生存放在首要地位的

"先胜后战"的观念；立足长远、放眼未来、稳扎稳打、有序前进的观念；企业是一个从发育到成长到成熟的生物观念；先巩固后发展、先生存后盈利的战略观念。

3. 目标与能力拉近的阶段。创业的目的是做自己生命活动的主宰，是发挥人的本性力量，转化外在能量为自我能量，并在这个过程中获得经济回报。在这个过程中，每个人都有一个能力问题。缩短目的与能力的距离，就是人生价值，就是企业的成功。而拉近这两者距离的时空条件，正是运转。

目标在运转中接近，能力在运转中增长，钢铁在这里炼成。

（三）创建企业的第一目标

一位经济学家多次说："新企业必须尽快盈利，否则便会破产。"这句话这样改一下："新企业如果把盈利作为第一目标，便会很快破产。"这才是经常、大量、每日每时都在发生的事实，这才是新企业夭折、灭火、破产的共同原因。如果把盈利当做新企业的首要目的，就好比面对一只刚刚出壳的小鸡说，"你必须马上下蛋，否则就死掉"。对小鸡而言，下蛋不可能，只有死掉。

企业一建立，创业者通常是把盈利当成最直接的目的、最强烈的愿望、最急切的行动。集中一切能量，调动一切资源，使出浑身解数，正是追求尽快盈利这样压倒一切的愿望，集中了创业的一切荒唐和野蛮：

1. 拔苗助长，不肯沉下心来埋头苦干；
2. 一夜暴富，无视创业是渐进的自然过程；
3. 急功近利，无视企业的必须基础性工作；
4. 一步做大，无视企业必要的实验与探索。

所有这些行为，可以归结到弥漫全身的盈利渴望，必然导致欲速则不达的结果。

投资需要回报，企业需要盈利，可它是以运转为前提的。运转与盈利在时间上是先后关系，在逻辑上是因果关系，从内在联系上是鸡与蛋的关系。因此，它理所当然是投资的第一目标。

（四）一切问题的解决条件

运转的意义在于存在，存在是与环境进行能量代换的条件，是获得存在能量的生命源泉。

企业的命只有在运转中才"有"。离开运转，企业就没有命。运转作为一种运动形式，维系的是企业的"命"。命是什么？是时间，有了它就有了一切，没有了它就失去一切。有了资本存活的时间，创业者才有了认识的对象，发挥才干的用武之地，解决各种问题的可能。多少夭折的项目，多少"出师未捷身先死"的创业者，所缺、所差、所遗憾、所无奈的正是时间。是运转决定了存在，是存在获得了时间，是时间给予了"一切之一切"的可能。

因此，一切问题只能在运转中发生、一切问题只能在运转中认识、一切问题只能在运转中得到解决。从大的业务定位、通路探索、运作模式，小到岗位划分、劳动定额、灯光照明，离开运转，任何人都无从猜测会有哪些问题存在；任何人都不可能理解发生的事情；任何人都不可能找到解决的方法。

因为，运转是资本要素的联合，原来处于独立状态的要素之间产生了关系、原来处于静止状态的要素动了起来，必定会发生原来所不曾预料的情况。没有系统的运动，将无从想象系统的问题。对于运动的事物，只有在运动中才有可能认识。其道理与认识物质世界是一样的。

比如，为了了解物质运动规律及其深层结构的相互作用，需要高能物理加速器；为了认识气体绕物体流动产生的空气动力特性，需要制造风洞；为了弄清企业生存的规律，需要运转。

以上三个方面说明：存在就是一切，运转就是存在。

41

三、如何实现运转

要知道实现运转的条件，可以把运转比喻为一驾马车。销售收入是马，是这驾车的动力和动力的源头；固定成本是马车自身的重量，是车的负荷；现金流是连接动力与车身的纽带，是传导装置。马车要正常行进，需要的是马的力量大一点，车的重量轻一点，力的传导顺畅一点。

让我们从实现运转的三个条件出发，看如何实现新企业的运转。

（一）减轻运转负荷

首先是减少固定成本的投入：在投入的数量、种类和时间上，以能够实现运转为限度。其次是抛弃固定成本补偿：不要把固定资产的投入当作生产成本分摊到单件产品的价格上去。因为固定资本价值补偿的理论，在本质上是思想家的智力游戏，变成管理学的文字游戏，最终演化为成为财务的数字游戏。

（二）接近"运转时点"

"运转时点"是销售额与可变成本加运转成本之和的平衡：

$$销售额 = 可变成本 + 运转成本$$

这个"点"是生死的转折的命门。为什么？

1. "时点"就是生命。由资金投入到推进到这个"时点"之前，是资金持续投入的过程。这种状况持续的越长，资金蒸发就越多，没人能够打得起这样的持久战。尽快达到用销售收入补偿耗费的"点"，是新企业必须争取的生存权利。

2."时点"就是金钱。一旦达到了这个点，就如同登上了高山之巅，眼前一片开阔，令你心旷神怡。就像走出了峡谷，眼前一片光明，令你豁然开朗。历史意义的转折从此开始。只要收支相等的运转能够持续，假设销售额不变，成本会渐渐地有所降低，成本的降低是运转的规律性的结果，好比汽车启动克服摩擦力后，惯性的作用会使油耗减少。收支平衡基础上的成本降低，那就叫利润。再假定成本不变，在运转的持续中，销售量会有所增加，成本相对下降，在价格不变的基础上，会间接地产生利润。

就像火箭为了推动卫星进入预定轨道，不能携带助推器，要使用爆炸把它分离掉。创业者，为了抢占"运转时点"，就应千方百计、不遗余力。

就像刘邓大军千里跃进大别山，扔掉坛子罐子，不惜代价一路狂奔。一旦屁股坐在大别山，OK——战略格局形成，调动了40万国民党军队。

43

（三）保障运转供血

首先，要理解现金与资金对创业和做企业具有不同的意义：资金的存在形式多种多样，资金不等于现金，对实现运转和持续运转有意义的是现金而不是资金。

其次，还要懂得现金断流是一个表象，要通过"综合治理"才能解决。解决的办法应该是从根本上入手，那就是"强化运转动力"。强化运转动力不是靠没完没了的资金投入，运转的"持续动力"只能来源于"第一推动力"——也就是原始的资本投入所创造系统的功能。这个功能的表现就是：销售货款的回流。

再次，要清醒地认识到回流的关键是"及时"。"及时"两个字包含关系企业生死的 5 笔账，那就是机会成本、通货膨胀税、结算成本、发票中的税款、呆死账的损失。假若在应收货款中有 10% 属于呆账，那你损失的是 100% 的利润。因为，10% 的销售额等于全部销售额所包含的利润。

最后，"及时"就要避开"应收"。这是防患于未然的关键。为了避开"应收"，在销售指导思想上应牢固地树立宁可利薄一点也要收现、宁可保本也要及时、宁可亏一点也要防止呆死账的思想。把这个思想贯彻到销售的全过程中，预先设置防范机制，具体到销售通路的选择，销售模式的设计和销售过程的管理之中。

结 论

体现这种机制的是：点规模渗透式销售。

规律之五：

点规模
"渗透"

蛇的暗示

据说，西红柿祖籍非洲。很久以前，那里的人们认定西红柿是有毒的。是一个在沙漠上行走的人渴得喉咙冒烟、嘴唇干裂，眼前忽而金星四射忽而一片黑暗，他知道死神开始拥抱他了。绝望中的他恍惚看见了几个红色的圆点，是苹果！这时候口中似乎有了一点点湿润，他用尽了最后的一点气力向那红色爬呀爬。爬到举手可及了，天哪，这哪里是什么苹果，这分明是西红柿呀，绝望的他又一次昏了过去。

昏迷中似乎看见一条蛇，从远处爬过来吃了一个西红柿，那西红柿是整个地吞下去的，撑得蛇的身体呈半透明状，能看见那个西红柿在蛇的身体中慢慢地向下滑动，在西红柿经过的地方凸起一个大包……

他又一次醒过来，想着梦中的情景，突然意识到是神的指引，接着马上想到，如果再不吃就永远没有吃的机会了。此刻的他毫无丁点犹豫，抓住一个西红柿大口大口地吃起来⋯⋯

——这是西红柿的故事，惊人相似的是我自己真实的故事：

梦中的我在攀登，攀啊登啊，没有休止没有尽头。这山满是荆棘，荆棘束束紧紧相连，只能在似有似没有的"空处"钻爬！这山根本就没有路，陡峭的岩石展示它的伤口露出尖锐的破绽。身上背着个装满东西的编织袋，一只手抓住袋口，另一只手去抓锋利的岩石。就是这样的攀啊登啊，没完没了。

突然看见了似乎是一幢楼房的一角，台阶上出现半个铝合金落地门。我如释重负地放下那个白色的聚氯乙烯编织袋，正在这时，灌木丛中突然蹿出一条蛇，还没等我反应过来，它就一口咬住了我的脚脖子——醒了。

这是20世纪最后一年的冬天，梦中的情景是我那时候生活的真实反映：便携式太阳帽的开发已经进入第四个年头。前三年的销售，用香港地区风水先生的话叫做"乏善可陈"，几近绝望境地。

一、逼出来的销售套路

（一）缘起

到了1999年年底，便携式太阳帽的第二代产品开发成功。与第一代比较，除了功能的调整之外，最重要的是由于发现了新的开模具技术，使开模具的成本大幅度下降，这样，就为在帽子的架构上使用注塑件，也就是用注塑件代替原来的金属冲压件提供了条件。这样，占单个帽子材料成本80%的架构成本下降了80%。

大好事啊！大跳跃啊！价格大幅度下降与利润小幅度增长同步啊！这是多大的进步！这是这个项目开发进程中最具有基础意义的历史性事件。但是——既不能投入有规模的生产，也不能马上投放市场。

为什么呢？

库存，第一代产品有32000件库存，不把它消化掉，生产第二代产品就没有资金；不把它消化掉，第二代一露面它就寿终正寝了。能不能卖掉这批货，成了这个项目乃至我的企业生死存亡的关口。

怎么卖掉这32000件存货？

各种各样的销售通路都走过了，各种各样的销售方式都试过了，仍然没有稳定的销路与成熟的模式。最为"辉煌"的是在全国建了7个销售办事处，从没有冬天的海南岛到遍地流油的大庆。一年下来，销售总成本大于销售总收入。什么意思呢？也就是卖货收回的钱，还没有为了卖这些货花出去的钱多。那是什么心情：如果我坐在松花江大桥上，把我的货一箱一箱地扔到江里，那我还赚了成本大于销售额的"差价"几万元。

按照过去3年的干法，还要花上3年时间、30万元费用——显然没任何可能性。就是在这万般无奈的境况下，怀着几分悲情壮志和背水一战的决心，一个大胆而又颇具风险的想法付诸实施。

（二）辉煌

把一切可能调动与支配的优秀资源集中起来握成一个拳头，专打北京一个市场，且由我亲自坐镇。

从正月十五那个漆黑的傍晚，一辆12米长的载重大货车，以超重的负荷，向着2500华里外的未知世界进发。从那时起到6月初的一个早晨，一家专门经营旅游产品的公司的小卡车，把最后6000件产品"兜"走为止，历时4个半月，32000件产品销售告罄。战果之辉煌简直是出乎意料：

1. 销售数量，约等于前 3 年销售量的总和；

2. 销售成本，相当于前 3 年总销售成本的 1/17；

3. 销售回款，不算少量大商场待结算货款，是 100%；

4. 销售价格，五种方式平均下来，相当于原批发价的 90%。

此外，还签了两份大额订单（都是有 30% 预付定金的）。一份是一家专门向韩国出口中国产品的贸易公司；另一份是黄山风景区管委会下属的旅游品经营公司，数量都在 2 万件以上。

出最后一批货的那天下午，我给 8 名跟着我披星戴月、死打硬拼的勇士放了假，我自己则走进一家洗浴中心，看着小了一圈的脸黑瘦黑瘦，再看看磨穿了底的皮鞋——这已经是第三双，突然百感交集，眼泪不由自主地流出来，此时的我多想放声大哭一场……

这是一段惊心动魄的历史、是绝路逢生的幸运、是死打硬拼的奇迹、是厚积薄发的辉煌。它是在漫漫长夜里苦苦地摸索，终于见到了黎明的曙光，顿觉豁然开朗，激动得浑身颤抖，似乎能感觉到血液像山泉溪水般流淌。它是在满是荆棘的陡峭山坡上艰难的攀登，忽然发现到达了山顶：极目远望一马平川，顿觉如释重负、心旷神怡。

（三）解决

北京之战的辉煌看似偶然，就好比足球射门，其实是 10 年来从不停顿地在销售实践中，探索创业企业的产品如何销售的问题的必然结果：

1. 要不要自己来修路的问题；

2. 通路与终端孰轻孰重问题；

3. 借助哪条路来通行的问题；

4. 用什么样的销售方式问题；

5. 如何进行有效的销售管理问题；

6. 如何面对赊销而陷入两难问题；

7. 用什么办法解决代理销售中的回款问题；

8. 如何认识点与面的关系并进行抉择问题；

9. 销售数量与销售成本是不是正比例的关系问题；

10. 销售可持续性是不是创业者打市场的关键问题；

……

所有这些问题又都不是孤立的，就单个问题来解决往往找不到办法，经常是这个问题解决了，与解决问题的办法相联系就一定会产生新的问题。表面上看是甲问题，而实质上却是乙问题，而乙问题又联系着丁问题。所有问题事实上是相互关联、相互渗透、相互包含、相互决定的。

10 年以来，我以老板的角度抓销售，越来越意识到应该有一个综合解决的办法，在我潜意识里不停地琢磨着。北京的成功是一个重大的发现：是综合解决新企业、新产品销售的模式，是创业企业，特别是小型企业打市场的完整套路。我给了它一个很是准确的名字：**点规模渗透式销售**。

二、新产品销售的死穴

为了比较系统地讲清楚所谓"点规模渗透式销售"是怎么回事，还必须从一个新企业或者一个新产品鼓捣出来开始，产品弄出来了，如何进入市场？老板站在大地图前面，几分茫然、几分困惑还有无限遐想。领袖状是可以做的，可脚下的路该怎么走？从哪里开始？朝哪个方向？在茫然困惑与遐想中，错误就这样地开始了。

（一）一个怪圈

产品出来了怎么销？这是每个创业的老板不能回避的问题。

通常是出于尽快卖出去的迫切愿望，用销售收入补偿费用的运转需要，收回资金投入的心理压力，导致在观念和指导思想上不自觉地进入一个怪圈。

在销售观念上，潜意识里的压力表现为情绪上的急切，自然而然地表现在销售的指导思想上，强烈地追求销售数量与销售额。为此，企图一炮打响，于是就要"村村点火，处处冒烟"，于是就"看着地图，运筹帷幄"，设计销售网点，追求全面开花。

在销售方式上"有奶就是娘"，只要能销谁来干都行；在通路的选择上有路就去走，不管途中有多少陷阱；在销售套路上，只要能销不计成本；在商家的选择上，习惯寻找大批发商、大代理商；在销售布局上多多益善，也顾不上能不能管理好。

于是就一次又一次地参加展销会、博览会，于是就花钱做广告，诚征区域经销或代理，于是就很不情愿地交费进大卖场，于是就在中心城市设立办事处……。

（二）多个结果

这些干法通常导致如下结果：

第一，赔了夫人又折兵。钱没少花，许多投出去的石头，没有想象中的涟漪，甚至连个响动都没有。比如花了几万元参加博览会，兴师动众、劳民伤财，根本就没有碰到想象中的经销商。再比如，花了几千元登了几期"诚征"广告，打来电话的大多数是骗货的主。

第二，失去销售的主动权。面对销售终端的无奈，如同隔靴搔痒，有劲用不上。比如，你把货给了大商场，几个月了无音信，等你去问，他要折腾一会儿，才能把你的货从柜台底下翻出来。

第三，销售成本大于销售额。派出去几拨销售队伍，设了几个办事处，半年下来一算账，卖出去的货款还抵不上这几个办事处的全部费用，让你吃惊之余着急上火差点昏过去。是产品真的不行，还是这帮小子不卖力气，还是藏着什么猫腻，你也无从考察与判断。

第四，没有销售回款的回流。在全国范围内找到了若干家代理销售的商家，货发出去了却没有回款，打电话找不到人，找到了人让你先开增值税发票。干脆去人吧，一算账，费用与货款差不多。

……

所有这一切是千流归大海，最终都归结到一个字：钱。没有销售的实现、没有资金的回流，销售费用不能补偿，生产费用也不能补偿，总成本当然就更不能补偿，最终结果就是我们见到的太多太多的结果。

所有这些问题产生的根本原因在哪里？

三、销售失败的根本点

销售失败的根本性原因究竟是什么？"是理解决定了观念，观念决定了方式，方式导致了结果"。首先在理解上，不知道新企业新产品的销售与正常运作的企业有着巨大的差别。差别体现的是新企业新产品销售的特殊性。

(一) 新产品销售的特殊性

我们不去同老外的"大哥大"比，只与本土的大中型企业和比较老的企业比较，新企业产品销售的特殊性，表现在"十个没有"：

1. 没有品牌的知名度。没有历史哪会有知名度，以及由知名度产生的认知度，进而美誉度进而消费群体的忠诚度。

2. 没有清晰的市场目标。也就是没有非常准确的消费群体的定位。当然了，在产品开发之前，产品的目标群体是有的，但准确与否能不能落到实处，只能依赖市场销售的实践。

3. 没有自己的销售渠道。几乎完全不知道自己的产品可以走通哪条渠道，适合哪种渠道，当然也没有自己的经销商、代理商，也没有与他们打交道的经验。

4. 没有自己的销售队伍。有经验的销售队伍是销售的主体，它的产生要有个过程，这个过程只能在市场第一线打拼中完成。

5. 没有销售管理的经验。销售管理是销售目标推进与实现的主导性工具，是与销售通路、销售方式、销售对象、销售物流和资金运动的特殊性相关的系统控制软件。通常包括销售队伍的管理、客户与经销商的管理、物流的管理、价格的管理、薪酬奖惩体系的设计，等等，要形成一套非常简单实用的管理体系，可不是简单的事情。

6. 没有稳定的价格体系。价格体系是由包括自己产品的生产成本、销售成本、运转成本在内的总成本决定的，与同类功能的其他产品相比较，与消费者的购买经验相联系的多种价格包括零售价格、经销商价格、代理商价格，还有区域价格、与批量相联系的优惠价格等。稳定的、适合市场状况的价格的形成，也同样不是一日之工。

7. 没有独特的产品概念。概念是既能体现产品内在品质，又能突出与其他同类产品的差异性，还能与消费者内心的需求相呼应的那个东西。是一个词或一句话，看上去是简单的，其实，这也需要在销售实践中反复琢磨，是极其不容易的事情。这个东西是广告和产品名称的基础。

8. 没有很好的产品包装。好的包装，是能在第一时间抓住消费者眼球的衣服，不一定漂亮但必须有特色，要能够反映产品内在的品质，还要有那么一点大气与正规感。特色、品质、大气、正规这四点一条线的包装，可能需要反复地设计。

9. 没有够阵势的产品系列。不论是创造企业形象，还是降低销售成本、还是在销售终端占据空间位置、还是有意识运用价格的差别、还是给购买者以挑选的余地，都需要同一类产品的系列化。系列的形成最简单的办法，可以通过产品数量与重量的差别、剂型和功能的差别来实现。可这也需要在与市场的磨合过程中来完成。

10. 没有足够的宣传资金。老企业、大企业都把销售额的一个百分数相对固定地作为广告费，费用的多少与销售额对应，当然人家是做得起，而我们新企业不具备这个条件。少量的投放没有用，大量的投放又与铺货面积等条件相联系，尤其是没有这笔资金。

所有这些，就是新企业新产品与老企业老产品的差别，也是创业者开拓自己市场的特殊性。

"知己者明"。"明"在要非常清醒地认识自己的弱势、"明"在非常清楚地知道自己的特殊。只有这样，才能从自己的实际出发寻找解决问题的办法。因为，经验告诉我们：离开自己的特殊性这个现实条件的基础，一切问题的解决都是空中楼阁。

（二）新产品销售的规律性

在直接回答这个问题之前，我要重申一个非常重要的观点，那就是：创业销售是创业的一部分，它必须而且只能服从创业的根本性规律。在销售上体现的规律主要有：

1. 销售的"根"。资本有"根"，销售也有"根"，这"根"是销售的基础。首先是产品本身质量与功能；其次是成本、价格、包装与系列化；第三是进入市场的基本条件，包括市场目标与策略的制定、销售人员的培训等。

2. 老板能力。指挥营销的能力是灵魂资本的重要组成部分，是创业企业销售成败的决定性因素。

3. 销售实践。营销能力与其他任何能力一样，只能在市场销售的实际中获得，没有亲身市场实践就没有做市场的真工夫。

4. 探索过程。在没有市场实践的条件下，又不得不面对市场做市场，那就只能有一个探索的过程。这个过程只能是由小到大、由近到远、由少到多、由点到面。

5. 适当方式。不仅要有探索的意识，还要有摸着石头过河的小步推进的销售方式。

所有这些问题的解决之道，不能沿用任何现成的销售模式，必须创造出体现创业的基本规律、能够适应创业销售特殊性的创业企业产品销售的整体套路。

这个套路是什么？

（三）根本是销售可持续性

没有销售的持续不断地进行，说什么都是白扯、都是胡掰、都是空气震荡。为什么呢？没有认识问题的具体对象、没有发现问题的实践条件、没有解决问题的时间与空间、没有展示销售思路、销售方式的机会……一切都无从谈起。销售的可持续性是解决销售中全部问题根本的根本、前提的前提、条件的条件。

为什么"销售的可持续性"是如此这般的重要？与创业企业销售特殊性相对应的、重要的有这样几条：

1. 产品与服务的目标群体，需要在持续销售中落实；

2. 借用哪条道路通向销售终端，需要在持续销售中寻找；

3. 哪种销售形式、哪些销售商对你的产品是适合的，要在持续销售中才能发现；

4. 什么样的批发价与零售价最合适，即稳定的价格体系的确立，需要在持续销售中反复磨合；

5. 销售管理的经验与模式的建立，也只有在销售的持续中才能获得、才能稳定；

6. 销售队伍的建设与培训的内容，也只能在销售的持续中才能完成；

……

为了实现销售的持续进行，关键的问题是什么呢？

（四）持续的条件是低成本

如何才能做到销售的可持续呢？

靠销售费用的持续追加吗？花钱的人才多的是，花钱的本领不用学。你能指望产品一出来就能上市实现销售，进而就能收回资金补偿成本收回投资吗？——都不现实。现实的办法只有一条，那就是销售的低成本。怎么做到低成本？

销售成本的高与低，你将不可回避地面临这些问题：

1. 远还是近？开辟远方市场与开辟就近市场，哪个费用低？

2. 点还是面？在 10 个城市设点与在 1 个城市设点，哪个费用低？

3. 多还是少？开通 1 个通路与开通 3 个通路，哪个费用低？

4. 参展与否？指望通过参加展销会与博览会就能找到经销商，是几乎所有创业企业老板的心愿，只有参加了几次才发现，那是一个没有买方的市场。光看展位费似乎不很多，3000～5000元到 8000～10000 元钱，人员的路费、住宿费，货物运输费，布展费等加在一起几万元就白扔了。

5. 进场与否？大卖场的费用是你能交得起的吗？店大欺客，那没完没了、名目繁多的费用是你能想象到的吗？

6. 铺路与否？与大批发商打交道是专门技术，你懂吗？他拥网自重、拥店自重、拥渠道自重，要么交钱、要么铺货，你有勇气冒这个风险吗？

7. 广告与否？至于广告，你没有大面积的终端铺货在先、你没有网络管理的手段、你没有产品的系列化，打了广告有什么用。况且如今媒介多如牛毛、信息铺天盖地，你那几滴毛毛雨，还没等被人们感觉到就蒸发了。

对这些问题的理解与选择，实施中的技巧，都直接关系着销售的成本。孤立地对待每一种通路、每一种方式，不仅不能解决低成本问题，还会陷入两难境地。困难与解决困难的办法同在，一定有一个综合解决的途径与办法。

（五）持续的关键是货款回流

多少新老企业命断现金流，原因是多方面的。但大量的直接原因是销售货款不能回流，没有货款的回流，就没有销售的持续进行，当然也就没有企业的运转。

新企业的销售，一开始就必定面临"赊销"的困惑。这是老板的两难境地。你不是品牌产品，商家对你的产品心里没底，要进货则只接受"代理"的方式，否则就不跟你玩，甚至谈都不谈。你呢？要么通路的开辟在"代理"面前戛然停止，要么接受因代理而不能回款的风险。怎么办呢？

1. 你必须接受代理销售这个现实。因为这是个存在——你不可能改变的巨大存在，这个存在的合理性在于：当今和以后的中国是买方市场，且不说有网络的商家，即便是有个门市杵在那里也不愁没货上门。这个存在的合理性还在于，你不可能自己修路，借人家的路走不交费已经不错了，让商家花钱进货承担风险，你连想都不要想。

2. 要明白顺利回款的影响因素。

基础性的因素。那就是你的产品好——质优价廉适销对路，这是最重要的。有了这一条，你的货在商家那里走得快、走得多，他有钱赚他高兴，你呢？是他的财路、是他的爷，他巴不得蹦高跳脚地给你送钱快快发货。

你的企业形象。如果他认定你是大厂家，很正规，他会敬重你，不跟你玩猫腻。要做到这一点，产品的质量包装是第一印象，销售人员的气质形象也很重要。再加一条就是与商家交往的规范化。比如用一种审视的姿态——让他感觉到是你在选择他、考查他，而不是低三下四地去求他。在设计合理的、已经顾及了对方利益的主要条件上不要轻易松动。这些的总和是你的企业形象。

供货的连续性。只要他那里有货在走、在销，你就要按合同规定，于结算前期货款的同时，保证发货的及时。只要发货—结算—再发货连续下来就行。在策略上事先把供货批量定的小一些，发货与结算周期定的短一些。

与商家的空间距离。企业的地址或发货与管理的这个"点"，与商家的空间距离越短越好。这样，减少短途运费姑且不论，对商家而言，让他感觉到你就在他身边，不时地打个电话，不时地过去看看、聊聊，关心一下走货情况，问一问要不要调货，消费者有什么反映，销售上有什么问题需要帮助。

……

做到了这些，回款通常是没有问题的。反之，如果你的产品磨炼的火候不到——要么质量有问题、要么功能特点不突出、要么定价偏高；如果企业在北京，批发商在云南；如果一次发货量恨不得越多越好，发完了货就万事大吉了；如果几个月都没个电话，人家以为你这家企业黄摊了呢？这些"如果"中只要有一个，就会影响货款的回拢，就别指望人家主动给你钱。

所有这些问题的解决，都不是打盆论盆、打罐论罐的事情，是一个系统工程，需要综合解决的完整套路。如果把产品本身作为一个前提而不谈，仅仅就销售来说，这个套路应该包括：清楚新产品销售的特殊性；懂得一切问题的解决只能从自己的实际出发；把销售的可持续性作为总目标；把销售的低成本作为总策略；把销售货款的及时回流作为关键；把市场目标、通路选择、销售模式、销售管理放到一起来解决。

这个解决方案是什么呢？

57

四、"点规模渗透式销售"

（一）什么是"点"

"点"的第一个含义就是一个城市。首先是你所在的城市——符合"先做近，后做远"的原则。摸到了一点道道取得了局部经验之后，则最好是大城市，越大越好——北京、上海、广州最好。但是——必须是一个，只能是一个。

"点"的第二个含义是集中。全部能量与资源的集中。把你的仓库储备、人员食宿、通信地址、电话传真，把你的运输工具、包装材料、包装设备、办公地址，等等，通通集中在一起，集中在一个院子里。

——这就是"点"。

（二）什么是"规模"

"规模"的第一层含义是销售的深度，就是把一条通路做透。比方说，北京的小商品批发市场有 50 个，那就在每个市场里都找到并落实一家，在这一条销售渠道上不留空隙。

"规模"的第二层含义是销售的广度。就是在做透一条通路的基础上，不断地开辟新的通路。比方说，做透了小商品批发市场，接着做专卖店，再接着做大商场，再接着做展销会，总之，把适合自己产品的通路都做起来。

"规模"，就是在一个"点"上去求销售的深度与广度，求最大限度的销售额。基本意思把一个"点"看成一个"圈子"，在"圈子"里边追求"点"的数量，圈子里面的"点"是销售终端，终端数量越多越好，实现"点"中的最大限度的铺货，以达到"点"中所求的"规模"。

——这就叫"规模"。

（三）什么是"渗透"

"渗透"，是吃定一个地方的基本战术，像蝗虫吃庄稼、蚂蚁啃骨头。它可以分为四层含义：

1. 在"点"中向不同渠道渐次推进。比如，直销是一条渠道，先要取得各类展会、博览会，包括早市的信息，弄透它自身运作流程与不为外界所知道的"道道"。然后，做出选择后安排参展顺序，并制定相应的目标与策略，争取达到立竿见影的效果。直销的渠道畅通了，模式摸到了，然后再开拓其他渠道。向渠道推进的过程，要以你的"点"的位置为中心向周边辐射。体现先易后难、先近后远、稳扎稳打、平稳有序的原则。

2. 在"路"中持续不断地延伸再延伸，也就是在同一渠道中不停顿地扩张。比如，北京有近 50 个小商品批发市场，先要一家一家地找到，找到了要挑选，选经营时间长、规模大的摊主谈。一个大市场中只能选择一家，避免同一市场商家之间的竞争。一天谈成一家，持续推进不间断。两个月下来，50 几家批发市场中每个都有一家你的代理商，每天都在向零售商发你的货。

3. 把可行的销售模式不停地复制。比如，小规模的铺货—续货—结算，这样的代理销售在局部成功了，就立刻在全部渠道中复制。再比如，在展销会上的造势以吸引专业"会展商"的模式成功了，就把它规范化、程式化，在所有的展会上复制。再比如，当你发现铺货与续货、续货与结算、结算与调货经常在同一天发生，那么，就每天晚上备齐品种与数量，画定第二天的路线，如果这样做有效率，就把这样的管理模式在几个通路上复制。

4. 向目标集群逐一发动攻击。在销售的持续中，随着你的产品散播面的扩大、影响的增加，你会发现比较集中的市场或消费团体。一经发现，先要了解这个市场、这个群体需求的特性，购买的经验与习惯，在通过实际操作一两家之后，组成专门小组制定方案，有计划、有准备、有套路、有技巧的一家一家地做。比方说，我的太阳帽在北京市场的影响所及竟然到了黄山、到了韩国。既然能到黄山，就不能到泰山吗？既然能到韩国，就不能到"马来"吗？于是，按照年游客300万为标准选择大的风景区，通过管委会寻找旅游品经销商家。拿下一家、稳定一家再谈另一家。

——这就是"渗透"。

（四）三个概念的关系

"点"、"规模"、"渗透"是三个概念，各自有着自己独立的含义。它们的基本关系是：

"点"—"渗透"—"规模"

"点"，是起点、是基础、是前提。"规模"，是目的、是效应、是结果。"渗透"，是手段、是策略、是方式，是连接"点"与"规模"的中间环节。

"点"决定着"渗透"。"渗透"是销售的一种理念、一种方式，更是进入市场的一种策略。在销售上运用这种方式、实施这种策略，只有在"点"的基础上才是可能的。

为什么呢？

"渗透"是慢慢进行的，是具有蚕食特点的渐进方式，实施这种销售方式需要的是时间。而销售的时间必然联系着费用，如果费用很大，"渗透"就与销售的"高成本"挂钩，这样的策略不是好策略，甚至是不可选的策略。"渗透"只有在一个"点"上进行，即在"低成本"的条件下进行，才是可行的。离开"点"这个前提条件，"渗透"持续的时间与时间带来的高成本相联系，"渗透"就成为不可能。

"点"决定着"规模"。"规模"的产生是"渗透"的结果。如果不是在不同通路上的持续"渗透"再"渗透"，规模怎么会产生呢？可见，"规模"源于"渗透"，"渗透"源于"点"。"点"是"渗透"的原因，"点"是"渗透"的条件。

"点"与"渗透"及"规模"的关系可以归结为两句话：

1. "渗透"是在"点"上实现"规模"的销售策略；

2. "规模"是在"点"上通过"渗透"产生的成果。

归根结底是"点"决定了"渗透"和"规模"。

五、"点规模渗透"的十大效能

这个套路的核心是"点"。"点"所能够解决的问题表现在10个方面。

（一）解决资源与效率的矛盾的问题

新企业在销售上需要的全部资源是极端的匮乏甚至是零，这个现实存在决定了你的根本策略只能是组织现有的资源集中于一个"点"，在一个"点"上创造局部优势，才可能产生出效率。这是在弱中求强的明智选择。

（二）解决在实践中学习销售的问题

适合你的产品特点的销售方式、适合你的管理能力的管理方式，只能在销售的过程中逐渐地摸索。把销售集中到一处，并且是从小规模开始，正是解决"你事实上不懂销售"，而又"必须从事销售"这个矛盾的可行途径。正是从这样的实际出发，它把

"干销售"与"学销售"统一在"从小做起"与"集中一点"的销售实践中。

（三）解决渠道和客户管理问题

有道是"丑妻近地家中宝"，这个道理同样适合产品的销售。想想看，仅仅是距离"近"这一条，也就是"销售主体"与"销售对象"之间的空间距离"短"这一条，会对不同渠道、对多家客户的管理带来多大的方便与可能及有效。

（四）解决销售队伍的管理问题

你的销售队伍是不成熟的，你对如何管理这支队伍是没有经验的，这支队伍的忠诚度是没有经过检验的。如果把他们分散到全国各地，不闹出乱子才是奇怪的事。如果把他们集中在一起，在老板或销售主管的眼皮底下情况就大不一样。从考察到管理到薪酬体系的许多问题都有条件在推进市场的过程中得到解决。

（五）解决销售的低成本问题

开办 10 个办事处和开办 1 个办事处哪个费用低？毫无疑问是 1 个办事处的费用低——尽管不是同比例的降低。这是说成本的绝对数，相对数是与销售额比较的。比如，1 万元的成本产生 10 万元的销售额还是产生 50 万元的销售额。再比如，1 万元的销售额中包含 1000 元的销售成本还是 200 元的销售成本。这两种表达是一个意思。

举个例子说吧，1 个"点"一年的费用是 10 万元，10 个"点"的费用是 50 万元。再假定销售额相等，1 个"点"的费用相当于 10 个点的 1/5，降低幅度是 80%。费用的减少直接来自三个方面：首先是"点"的数量的"少"——房租、差旅等。

其次是来自"集中"——办公与食宿合一；运人与运货合一；司机与销售员合一；管仓库、做饭、接电话、发传真"四合一"。最后也是最重要的，是来自效率——集中产生的销售额与费用的比率。

（六）解决销售环节减少的问题

销售环节是指由企业到消费者之间有多少层次。对企业而言，环节是越少越好。环节的多与少关系销售的成功与失败。为什么呢？一是关系销售成本，环节越多成本越大，零售价格越高，市场竞争力就越低；二是关系回款时间，环节越多回款的时间越长，流通中占用的资金就越多；三是关系资金风险，环节越多回款的风险也就越大；四是关系管理的难度，环节越多对管理者水平的要求就越高，销售队伍的数量增加同样会增加管理难度。

（七）解决销售终端的管理问题

销售集中在一个"点"，管理者——销售经理或老板，就有可能实现对销售人员的直接管理—真正的扁平化管理—横向的面较大而层次简单的管理。通过直接的管理销售人员实现对终端的管理。这个终端是对企业而言，可以是真正的终端，也可以是不同的渠道商、批发商，只要是与销售人员直接结算的就统统视为终端。这样，在企业与终端之间只有一个环节——销售员，这样，全部的管理就是对销售员的管理。这是销售主管通过业务员直接控制终端的办法。

（八）解决"点"的销售规模问题

仅仅在一个城市折腾，看上去不仅没有魄力、没有气势，还显得很土、很笨、很慢。土与笨就随人家说去吧，只要少花钱却可持续就行。这里只说一个字："慢"。告诉你个结论：与"欲速则不达"相反是"欲慢则能达"。就是说，非但不慢相反快。"点"的减少，不仅不是销售量的同比例减少，相反会增加。这是一个很大的奥妙。妙在哪里呢？你不实际试一试可能不敢相信：1 个点上的渠道数量会比 10 个点还多，每一条渠道上的销售终端的数量，也会比 10 个点还会多。结果是 1 个点上的销售数额比 10 个点还多。

为什么会是这样呢？一个最大的城市人口可能是一个中等城市人口的 10 倍；一个最大城市的购买能力可能是一个中等城市的几十倍；一个最大城市的商品辐射能力可能是一个中等城市的上百倍。再加上集中的优势——深度、力度、广度带来的效率更是无可估量。

（九）解决"块"上的精耕细作问题

这是一个最重要的原因，我们应该在持续的、高力度地运作中把市场吃深、吃透。假若一个省会城市有 1000 个销售终端，如果你没有运作的持续，没有运作的强度和力度，一年下来只能做到 100 个。10 个省会城市的结果是 $100 \times 10 = 1000$（个）。如果一个最大城市有 5000 个销售终端，你集中力量高强度大力度持续地运作，一年下来拿下 40%，那就是 2000 个。这样，一个最大城市的终端数量是 10 个省会城市的 2 倍。这就是"点"与"规模"的奥妙——反比例。

（十）解决销售回款这个大老难问题

如果把销售回款的比例加进来，1 个点的销售盈利就是 10 个点的倍数。怎么会呢？你不妨算算这样一笔账：90% 的回款率是什么意思？是 10% 的呆死账。10% 的呆死账意味着什么？意味着100%的销售利润。怎么会是这样呢？因为，单价中的毛利只有10%左右，10%的货款就是100%的利润。而集中运作中的销售层次少、管理跟得上、空间距离近、结算时间短、销售可持续，等等，为解决回款提供了综合解决之道。

总之，所谓"点、规模、渗透"是在一个"点"上求实现的销售额，其奥妙是"点的数量"与"销售数量"成反比例。进而解决：

销售管理简单化；

货款的及时回笼；

销售成本的降低；

销售的可持续性；

主动性得以发挥。

进而从动力源头上解决创业企业"运转"的实现："活"下来的问题。

结　　论

它是以最低销售成本实现最大面积铺货的思路；是减少销售环节并直接掌握销售过程的模式；是销售主管通过业务员直接控制终端的办法；是解决创业企业面对市场的许多困惑与困难的综合解决之"道"。

《创业学》……一个中心两个基本点

下篇

一、创业研究的对象、范围和目的

我把在过去的两年中陆续发现的创业思想概括为四种，这四种创业思想来自一个方向——大洋彼岸的美国百森学院商学院；一个终极源头——伟大的杰弗里·蒂蒙斯教授。

（一）四种创业思想

1. 孵化企业的 SYB。联合国劳工组织把《创建你自己的企业》（Start Your Business，SYB）培训课程推荐给我国的劳动与社会保障部，由该部在其系统中推广。

SYB 培训课程的基本内容：一是申报经济组织的程序；二是与企业相关的政策法规；三是办企业所要具备的条件；四是企业的家特征。我国现在建立的企业孵化组织和创业培训机构，许多都是根据这些培训课程而建立的。参加过培训的学员们说："把所有这些都学完了，对于如何创业，还是茫然"；培训的主管人员与参加培训的教师说："SYB 知识点之单薄，远远不够支撑一门课程"。

SYB 的培训功能有两个方面：

一是形式上的经济组织如何产生的问题——不涉及创业的实质。诸如：一个项目能否获得存活条件、生存资格；怎样规避风险，有序推进；如何完成从项目选择到运转这个创业的真实过程，等等。这样一些与创业本质有关的问题，SYB 都全然没有涉及。正如《中国劳动与社会保障报》头版的一篇文章所说："SYB 解决的是新企业的'外延'问题，而《民富论》解决的是新企业的'内生'问题。"一篇署名和平的文章也表达了近似的观点："《民富论》与 SYB 比较有五个不同，首先是创业'外围'与'内核'的差别"。

二是创业开始之前的各项准备工作——不涉及创业过程本身。SYB 把"创业这个活该怎么干"以外的问题都想到了，但并没有进入创业过程中。这样一来，如同隔靴搔痒，不能解决实质问题。况且，SYB 讲授的大量的创业准备事项中，有许多准备是不必要的。比如，登记、注册、办营业执照这些东西是不用学的，与企业有关的法律、法规、政策，在创业实践中通常是碰不到的。

2. 管理学的内容。以一份"专家指导委员会"开列的"创业课程的设置"为例，包括：市场分析、投资分析、营销策划、经营管理、企业理财、放贷融资、政策规定、法律咨询、质量管理、ISO 认证、企业诊断、企业创新、国际贸易、企业形象、激励机制、品牌宣传、劳动保障、劳动力资源管理等 20 门课程。声称："这还仅仅是创业管理入门本科课程"，还有研究生课程……

这是把管理学的内容罗列集合，冠以创业的名义。全部问题的核心是："创造企业"和"管理企业"，是企业发生与发展的两个阶段，是学科面对的不同对象，是有着各自特殊规律的研究领域。

管理是以企业的存在为前提的，是企业走到正常运转以后的事情。相对于一个发挥功能的系统而言，才有组织、协调、控制；才有对常规做出规范；对独立部分确定目标；对问题做出预警；对效绩进行评价，等等。而创业，是创造一个发挥功能的系统的过程。

3. 创业概念的研究。一是对概念体系的研究。比如河南科技大学与北京社会科学院联合宣称"中国创业学"学科体系已经完成。内容包括：创业哲学、创业伦理学、创业心理学、创业经济学、创业管理学、创业环境学、创业教育学、创业法学、创业设计学，等等。

二是对概念本身的研究。比如清华大学的中国创业研究中心的研究成果：创业是创建一个经济组织；是实现个人发展目标；是一种经济功能和个人特质；是一种管理方法；是一种思考、推理和行动的方法；是创建公司将其出售获取资本收益；是战略目标和组织框架；是决策和创业者素质；是机遇和寻找商机；是执行力——知行和一；是创造力——目的与手段的关系，等等。

三是对创业概念历史的研究。比如，北京大学创业经济研究所的三位专家，合作写出一本书，把"创业概念的历史沿革"，作为一个整篇的内容。

四是对创业精神内涵的研究。涉及传统的、现代的、共同的、差异的、《辞源》中的、《不列颠百科全书》中的；包括了对创业目的与创业者的定义，以及对"定义"的评说。这是研究创业这个"词"，最终将给再版的《辞海》贡献一个词条。

有人统计，创业概念的研究成果达 130 多种。概念研究是纯理论的研究，与研究创业本身与创业过程的内在规律，与创业这个"活"该怎么"干"，与创业的"路"怎么走，都没有直接关系。是研究者在智力游戏中的自我陶醉。

4. 关于创业。这是围绕创业而展开的无尽话题。包括创业环境条件的研究；国家之间的创业差异；创业与经济增长的关系；各国创业政策的比较；创业态势的分析；创业活跃程度的分析；创业有多少种类型；创业类型与创业机会的关系；创业与就业的关系；创业与出口的关系；创业者性别与年龄对创业的影响，文化教育程度对创业的影响，等等。我曾亲耳聆听专门负责这项研究的专家说："这些研究做完之后，发现没什么用"。

71

（二）一个终极源头

四种创业思想的研究者、教育者和专家们，都声称自己的思想来自蒂蒙斯教授，他们都倍加推崇美国的百森商学院与蒂蒙斯教授本人，都声称自己是蒂蒙斯创业思想的传播者。

我找来蒂蒙斯教授的代表作《创业学》，以阅读原创经典的虔诚，以每小时 8 页的速度，慢慢地咀嚼、细细品味这部 90 万字的世界顶级的著作。花了整整 30 天的时间。

从书的"介绍"中知道：

百森商学院。"始终是创业学领域的领导者"；"在《美国新闻与世界导报》公布的全美最佳大学排行榜中，百森连续 11 年摘取创业管理领域排名第一的桂冠……"

蒂蒙斯教授。"是美国创业教育和研究的领袖人物"；"他在其研究领域、创新性课程开发及有关创业、新企业、企业融资和风险投资这些方面的授课被全世界公认为权威……"

《创业学》。"被《INC》、《成功》以及《华尔街日报》评为创业学的经典之作，并被译成日语……《INC》把此书的第四版列为创业者'必读'的 8 本书之一……"。

在国内的影响。许多冠以"创业"名字的著作和教材，尤其是《创业管理学》都是对《创业学》内容的阐述和编辑。

2006 年 4 月，南开大学专门把蒂蒙斯教授请到中国，举办"中美创业研究与教育"的国际研讨会和"创业教育的师资"培训。

（三）三个基本内容

从《创业学》的篇章标题，到作者的反复主张，再到基本内容，可以用"一个中心"和"两个基本点"来加以概括。一个中心是："企业融资学"；两个基本点是："商机决定论"和"企业管理学"。

让我们看一看是不是这样。

1. 企业融资学。蒂蒙斯教授的《创业学》的主要内容是讲融资，不仅是"创业"融资，更多的时候是讲"企业"融资，而且是极具美国特点的企业融资。从全书的整体结构与基本内容可以明显看到："企业融资"事实上构成了《创业学》的中心内容。

《创业学》：一个中心两个基本点

　　全书共五编，其中第一编、第三编和第四编主要是说融资，这在三个"编"的标题上已经体现出来。再以页数计算，三编共261页，占全书415页的62.8%。在三编中专门谈论融资的就有8章，它们是：第1、4、11、12、13、14、15、16章。

　　这里，概括三个"编"的融资主题。

　　第一编，"商机"。首先为蒂蒙斯教授澄清：商机是项目，选择商机是选择项目。这里说的"商机"不是汉语语言中的商业机会，而是说创业项目的内涵是否具有商业价值。"商机"中"机会"的含义，是在创业者面对诸多项目如何"选择"中体现的。

　　选择"商机"的目的是什么呢？是为了获得风险资金和天使资金。本编序言明确说明："精心筛选商机重要吗？答案是：很重要！风险投资者……"。本编还从风险资金与天使资金的立场上，详尽论述这两种资金对创业的作用是"发动机"与"高速燃料"。进而说明创业者选择商机，对获得这两种资金的"重要"。

　　第三编，"资源需求"。所谓资源需求说的是资金需求。作者从两方面来强调：一是突出强调"财务要求是初创公司的首要工作"，"创业者要运用特殊的态度、策略和技术，实现货币资源的控制"；二是指出解决财务资源的方法是商业计划书，商业计划书是创业者"工作的出发点"，"筹集外部资金的关键"。

　　第四编，"创业企业融资"。这一编是直截了当地讲融资。在宣称"融资战略是公司目标"的基础上，主要阐述大量的、可选的融资方式：债务资本、股权资本等。还涉及了融资战略与融资能力："创业者的议价能力，协调筹资行动的技能。"为此，"还需要了解资本市场的动机与需求"。

　　可见，发现与选择商机的出发点与归宿点是融资，纂写《商业计划书》的出发点与归宿点也是融资。在这点上，从来是清清楚楚、明明白白的，并且是从不同角度、在不同场合反复强调，贯彻全书的自始至终，成为《创业学》事实上的中心思想。

2. 企业管理学。在蒂蒙斯教授的《创业学》中，一个占显著地位的基本内容是"企业管理学"。现代企业管理的成果几乎被一网打尽，全部纳入，渗透到全书的每章每节。

让我们从三个方面来看：

（1）以"编"来概括。几乎全部由管理学内容构成的有第二和第五两个整编。

第二编，序言中开宗明义，把"销售额达到100万美元"的企业作为这一篇论述的前提，是全编内容的出发点。这时，创业者已经"转变为管理者"。这样，接下来的全部内容，就顺其自然地是在讲"管理"。

第五编，标题就是"创建后企业"。这一编已经不再谈论创业，也不再谈论一般性企业，而是直截了当地把言说的对象设定为"快速成长"、"快速发展"的企业。是在"快速成长"和"快速发展"的企业的基础上，讨论"管理的重要"和"管理模式"等问题。

整编都不再涉及创业，整编都是在论述企业，而且是快速成长、有相当规模的企业，是这样的企业中"管理"方面的诸多问题。

（2）以"章"来概括。这两编包括了8"章"，占总章数20章的40%，足以构成《创业学》的一个基本点。如果从管理学的角度看，内容之全面、完整、详尽，绝不逊色于任何一本管理学的著作或教材。

以企业"经理人"为标题的第8章，包括了经理人的职能、高成长企业管理的特点、管理者的素质构成，等等。只是在企业阶段的划分上，在传统的"三个阶段"前面加上个"初创阶段"。对这个理应加以论述的、与创业有关的"阶段"，却没有任何论述，仅仅是"初创阶段"四个字——此外没有一个字的表述。这样，企业成长阶段就变成了："初创—高成长—成熟—稳定"。

在"管理者素质"的题目下，囊括了几乎全部传统的现代的管理学内容：市场调研和评估、市场规划、产品定价、销售管理、直接销售、电话销售、客户服务、分销管理、产品管理规划、生产管理、库存控制、成本分析、质量控制、生产流程、采购管理、岗位评估、财务会计、资本预算、现金管理、信贷和收款管理、短期融资、项目规划、项目管理、人事管理、信息系统管理、团队合作管理、公司合同、税收与证券、专利和所有权、破产技能等，共50项管理，比普通的管理学中的管理项目还要多。

在"财务管理"中，包括了财务资源、财务分析、电子数据库、通用信息资源等现代财务学的内容。其中，电子数据表分析中，仅现金预算一个科目就包括了140项财务分析的内容。就财务分析的项目（科目）而言，超过普通的《会计学》的内容。

（3）以对"创业者"的定性来概括。在对"创业者职能"的定性中，是把创业者定位在"管理者"上面：

① "早在1967年，百森就推出了创业管理课程"（见"百森商学院简介"）；

② "创业者所扮演的角色就是管理"（见第32页）；

③ "创业经理人需要传统管理技能"（见第179页）；

④ "行政管理和法律税收"，是创业者职能的两大领域（见第184页）；

⑤ "市场营销、金融、生产和运营及微型计算机"，是创业者的"四大职能领域"（见第36、105、386页）。

3. 商机决定论。这是蒂蒙斯教授的《创业学》中另一个贯彻全书的基本观点，散见在每一编、每一章之中。集中阐述这个基本观点的是第一编："商机"。虽然按"编"计只有1/5，但按字数计多达30余万，占全书字数的36%。

蒂蒙斯教授从这样三个方面论述"商机"的决定作用：

第一，商机决定创业成败。

大多数创业者的失败，"虽然这其中有许多原因，但第一条是他们没有抓住真正的商机"（见第1页）；

75

"创业……是商机的均衡器和调节器"（见第16页）；

"创业不仅能为企业主，也能为所有的参与者创造、提高和实现价值……商机的创造和识别是这个过程的核心"（见第23页）；

"创业者所扮演的角色就是管理和重新定义风险—回报等式"，而这个"过程的核心是商机问题"（见第23页）。

第二，商机决定创业融资。

"高潜力的商机总能解决一个现在就有人愿意为之付钱的重要问题或需要"（见第71页）；

"商机具有吸引力强、持久、适时的特性，它根植于可以为客户和最终用户创造和增加价值的产品和服务中"（见第78页）。

第三，商机是创业的定义。

创业过程的核心是"商机的识别和创造"（见第23页）；

创业是"引导你发现无数思路和商机的道路"（见第41页）；

创业是"有关自身定位、目标、期望、同社会的关系"（见第42页）；

"真正的商机要比团队的智慧、才能或可获取的资源重要得多"（见第32页）；

"创业学定义，是为创造财富而进行的商机识别"（见第141页）。

按照蒂蒙斯教授的定义：创业就是商机，商机就是创业；商机与创业是一个问题，研究创业就是研究商机。这样，创业作为一门学科，它的研究对象、研究范围、研究目的和研究它所要解决的问题，统统地归结为两个字：商机。

（四）背离研究对象

创业学的研究对象是什么？这是讨论"创业"这个话题所

《创业学》：一个中心两个基本点

必需的前提。

创业学研究对象是创业。那创业是什么？是"创造一个新企业"。既然是"创造一个新企业"，不可能是一挥而就的事情，它必然是一个过程。既然是个过程，就一定有它的逻辑起点与终点，在这两者之间才是学科的对象。否则，失去边界的学科还叫学科吗？没有对象的研究还能研究吗？

1. 创业起点和终点在哪里？创业的起点在哪里？有创业想法或意识能叫创业吗？创业的起点必然是行动，而行动又不可能是盲目的，是以特定目标为前提的。这个特定目标是什么？是一个具体的创业项目。而要确定一个创业项目不是一个简单的事情，在确定之前先要有一个项目的发生与选择的过程。所以，项目的发生选择，理所当然是创业总过程的起点。

创业的终点在哪里呢？既然创业是"创造一个新企业"，那么，新企业的"存活"就应该是创业的终点，是创业目的的实现，创业过程的完成。如果不是这样界定，创业就成了永无止境的事情。如果越过"存活"这个点，就与企业混淆，就不再是研究创业这个对象。

什么是企业的"存活"呢？新企业不论大小，不是物质资料或各种要素的简单集合，而是创造一个发挥功能的系统，发挥系统功能的标志是运转，表现形式是运转，实现的条件也是运转。

什么是运转？就是要把创业进程推进到用销售收入补偿全部耗费的这个"点"：时间的"点"，过程的"点"。运转，标志着启动项目开发的原始的资本投入结束了，企业动力的来源不再是"第一级火箭"，而是新企业自身的造血功能，是新企业与生存环境的能量代换而产生的能量。

所以，运转，不仅是新企业具有了获得生命能量进而继续成长的条件，更是新企业这个生命体得以存活、存在的标志。这，就是新企业的真正的诞生。这，就是创业过程的终点，越过这个点，是正常的企业活动、是企业正常的经营活动、是以盈利为目的的持续久远的发展过程；越过这个点，是"企业管理学"的地盘，是一切与"企业"相关的无尽话题的势力范围。

所以，创业研究的界限是：以项目的选择为起点、以项目的运转实现为终点。在这两个点之间是创业研究的范围。

2. 创业的研究目的是什么。知道了研究的对象与范围，那么，进行这个研究的目的是什么呢？由"创造一个新企业"这个研究对象决定：研究创业的目的——自然地、必然地、理所当然地指向一个字："活"。

首先是活命的"活"。是已经确定开发的这个项目怎样才能"活"下来。项目的成活是新企业真正的诞生。离开"活"这个创业的首要目的，一切都无从谈起；离开"活"这个创业的客观现实，说什么都没有意义。

其次是干活的"活"。由研究"活命"这个目的——自然地、必然地、理所当然地产生另一个"活"——干活的"活"。为了达到"项目成活"的目的，创业这个"活"该怎么干？创业这条"路"怎么走？离开"活怎么干"、"路怎么走"这个目的，在创业的话题下，还有什么值得说道的呢？离开"活怎么干"、"路怎么走"这个目的，顾左右而言他，又有什么用处呢？

结论：研究创业目的是一个字——"活"；两个内涵——活命的"活"，干活的"活"。

3. 对创业内在规律的揭示。要实现"活"的研究目的，就要正确回答从项目选择到运转实现这个范围内的一系列问题。事实上涉及的是：（1）创业过程内在规律的探索与揭示；（2）创业成败终极原因的基本结论；（3）新企业发育成长的脉络的描述；（4）通往成功的可复制的创业模式，等等。要回答这些具有根本性的问题。在解决了这些问题之后，也就是在揭示创业规律的基础上，才可能制造一个思想工具，它应该包括创业者：（1）必须树立的观念；（2）必须遵循的程序；（3）必须恪守的规则；（4）必须回避的陷阱；（5）可以运用的方法，等等。回答和解决这个问题，才是学科的使命与责任、才是理论的实用与功效所在。

首先提出创业的研究对象问题，是为了说明：以"一个中心两个基本点"为基本内容的《创业学》，是不是在研究创业这个对象。确定了这个话语的边界，有讨论问题的共同基础，接下来的话好说了。

其次确立话语的前提：创业是什么？它应该是什么？只能是什么？必须是什么？在此基础上，才能说清创业学研究的对象、范围、目的和要解决的问题是什么。有了这个言说的共同基础，才能知道蒂蒙斯教授的《创业学》在何种意义上偏离了创业"主题"，才能最终知道：蒂蒙斯教授的《创业学》是不是在研究创业？

二、传统理论的移植、集合与误导

上面，从蒂蒙斯教授《创业学》的基本内容中，概括出了"一个中心两个基本点"。接下来是对"一个中心两个基本点"的分析。

（一）资金不是创业的决定因素

在《创业学》中有这样一个明显而稳定的逻辑链条：商机重要，是因为好的商机是融资的条件，发现商机的目的是为了实现融资。连接商机与资金的中间环节是商业计划书。

这样，融资就成为发现商机、做好商业计划书的目的。这样，融资就成为创业的首要任务和决定性条件。这样，融资就成为蒂蒙斯教授眼中创业活动的全部。所以，《创业学》毋庸置疑地把融资放到了创业的首要地位和中心地位。

其实，这是一个既现实又理论，既现代又古老的观念，理论者没人怀疑它是个问题，实践者也没人认为它有什么不对，蒂蒙斯教授是沿袭了这个一般性的认识，继承了"资本"与"投资"的这个一般"原理"，把它放到"创业"的标题之下，同"商机"与"计划书"联系起来。

然而，这是违背创业本质与内在真实的思想观点的，是对反映过去时代经济实践的传统理论的简单继承，不是蒂蒙斯教授一个人、一本书的现象，是迄今为止理论的浅薄与置后、是人类认识的历史性局限、是真正的《创业学》产生之前的必然现象——就如同人类发现是"地球围绕太阳转"之前，认为是"太阳围绕地球转"一样。

创业投资的这个"资"是什么？应该是什么？必须是什么？

《创业学》：一个中心两个基本点

只能是什么？这是由创业实践提出的无法回避的一个重大理论问题，是关系创业成败的最具有根本性的实践问题。这里，仅用创业的普遍事实做根据，来看"融资是创业首要条件与决定因素"的认识，是否具有现实性与真实性。

1. 融资之路对创业者不具有现实性。让我们暂且从传统观念出发，认定创业的决定性条件是资金，创业一开始就要先走融资之路，而这条融资之路却不具有普遍性与现实性。

2005 年第二期《全球商业经典》杂志的编辑阴差阳错地找到我，要我给美国人罗伯特·普赖斯写的一本《创业计划书》做书评。这本书中讲到，美国的风险资金与天使资金的投资人，在接到的 1000 个《创业计划书》中只看 20 个，在 20 个中只选择一个投资。这就是说，即便在美国，靠商业计划书获得资金的概率也只是 1‰。

在蒂蒙斯教授的《创业学》中，介绍了创业者靠《创业计划书》实现融资的比例：有的地方为 1%，有的地方为 2%，有的地方为 3%，平均一下，按照 2% 做根据。依据美国本土人士提供的资料，只有 1‰～2% 的人能够靠《创业计划书》得到资金。

——这，能看成是项目与资金结合的方式吗？

——这，能成其为一种现实的创业模式吗？

——这，能当做创业的首要程序或现实道路来引导创业者吗？

在中国，同样存在这种具有普遍性的"引资现象"。而事实上是一条走不通的路。靠吸引和募集资金办企业，有这样几种情况：一是合伙，出资人同时也是经营者；二是补充，对成长中的企业募集一部分资金；三是借贷，性质并不是投资；四是嫁接，用成熟的技术去和资金嫁接。

把钱交给别人做事不是绝对没有，现实的条件是"一个前提三个认可"：前提是创业者把项目的关键首先解决好，通常是技术与市场。就技术而言，必须能够证明它的先进性、可靠性与转化为产品的现实性，而这点往往是需要制造出产品至少是样品来实现的。就市场而言，往往需要的是终端消费者或直接用户的合作或订单，至少是专业经营者的认同与合作。这需要把项目做到一定程度：先有对项目的通透与把握，从而抓住项目的"根"，即内在的优秀品质与真实效用，而绝对不是靠一纸"计划书"就能让人家掏钱的。即便是有了这个"前提"，还需要三个认可：投资人对项目的认可；对创业人能力的认可；对创业者人品的认可。

外资在中国的投资通常是直接投资。所谓"招商引资"引来的是项目而不是资金，是老外带着资金自己来干。有间接投资的国外金融机构，他们选择的都是回报可靠的政府项目：公路、铁路、桥梁、地铁、水电工程，如广西的天生桥水电站。即便是这样，国外金融机构也还要向中国的保险公司投保，由于中国的保险公司没有"项目险"这个险种，他们采取变通的办法：把项目分解，投"资产险"。

也有国外的私人股权资本（基金），通过注资、收购等手段达到持有公司的目的，从中获得持续收益。他们的最终目的是出售公司股份或者上市后变现，为资本与基金的投资者获得回报，市场上不断发生的所谓"并购"事件都是此类情况。比如，多家海外基金并购双汇。他们寻求的是具有增长潜力的公司，他们的目标对象是中国市场上的明星企业，而不是创业企业。

"引资人"和"融资公司"不具有可靠性。我听到、见到、考察到的所谓"引资人"和"融资公司"基本都是假的。我听到、见到、考察到的与他们打交道的创业者，都是创业者的"资"被他们"融"去了，比率是100%。多少创业者拿着项目满世界地寻找投资人，业内行话叫"银主"，通常是有人介绍某某是银主的代理，见到了，也是扮演银主的人，签合同交了费用，一切就 over，就 end 了。至于融资公司（广告中的"有资金找项目"），通常会让你委托他们代写"计划书"。交完了费，你就耐心的等待吧，等到什么时候呢？到你没钱打电话时为止。

总之，创业之始先走融资之路，指望靠别人的巨额资金启动，在美国没有普遍意义，在中国更不具有普遍性与现实性。

2. 创业的主导方面是创业者。事物的本质是由事物中的最基本方面所规定的。创业这个事物有两个最基本方面：创业者和创业项目。在它们的关系中，创业者起主导作用。表现在：从项目选择到项目运作的全过程直到最终结果，创业者是创业这个事物中一贯、稳定、起决定作用的方面。

主导作用的内涵是创业者的本领、能力、资格，权且用本事概括。本事是什么呢？可以追溯到人在生命长河中积累而形成的素质；表述为对创业规律的理解和运用；具体到对一个创业项目的通透和把握；落实到创业成功的结果。

创业者所运作的具体项目，是创业这个事物的另一个方面，是矛盾关系中的次要方面。资金是包含在项目这个次要方面之中的要素，是由项目派生出来的一个要素。资金的数量是由项目特点决定的，资金的投入是由项目运作的过程决定的，是项目决定资金。

一个项目的内在基因决定着它是否具有成活的条件。资金对这个"条件"的生成与存在没有决定作用，对创业的全过程和最终结果也不起决定作用。因为决定创业成败这个结果的是创业的全过程。在创业的全过程中，资金仅仅是诸多因素之一。

所以，资金是创业这个事物的次要方面——项目所要求的要素之一。资金对项目没有决定作用。任何把资金看成是创业首要因素或决定因素的说法，不管是传统的资本理论，还是现代的融资学说，还有蒂蒙斯的所谓《创业学》的核心思想，都与创业的真实不相符合、都与千百万创业的实践大相径庭。

3. 创业的本事是练出来的。创业靠的是本事，本事从哪里来？是在创业实践中磨砺出来的，创业实践是获得创业本事的唯一来源。这是自古华山一条路，绝对没有第二条路。既然本事是练出来的，那么真正意义的创业都是从零开始、从小起步，在艰难困苦中谋求生存，没有这个过程，就练不出本事，没有本事，

83

任何创业都是死路一条。

创业，是一个项目的孕育、出生、发育、成长的过程；与这个过程同步，是创业者蛹化为企业家的过程。这个过程是一个人凤凰涅槃般的浴火重生的过程，正是创业的这个内在、真实、核心、根本，统而言之叫本质，客观地规定了：

——干起来，从小做起干起来是第一重要的。离开干的过程，说什么都没用。

——干起来，资金是重要条件，但不是唯一条件，不是主要条件，更不是决定性条件。

——干起来，意味着有资金要干，没资金也要干。从小做起、白手起家，经受艰难困苦的磨砺，才是真正意义的创业。

相反，在创业之始就有大额资金投入：

——是不现实的空想，是书本和学者制造的脱离现实的、不负责任的说教。

——是媒介用"一夜抱资"的、具有震撼力的假新闻来填充版面，吸引眼球。

——是宣传得到风投的极少数，却忽略了为取得项目优势这个吸引资金的关键，而进行的长期艰苦的努力。

——是截取了创业精英故事的精彩片断，来糊弄还没起步的准创业者。

——是想创业还不想吃苦，想靠别人的资金一步做大、一夜暴富。抛开可能性不论，这种人不要创业。

即使偶然得到了较大额的资金，充其量是让你玩上一把、闹哄一通。有心人是用别人的钱练了本事，没心人是做了一场恶梦。凡是企盼、等待有了一定数量的资金才创业的人，是对创业本质的不理解，或许一辈子也迈不开创业的"步"。

当然，并不排除有这种现象：在用别人的资金持续燃烧的过程中增长了才干，在干的过程中发现了可以生存的方式或找到了盈利点，又在资金持续投入的条件下活了下来、发展起来。这种情况是极少极少的，它的产生注定是有许多特殊条件、特殊背景、特殊过程的。

可见，创业成败决定于创业的本事，本事的载体是"人"这个创业主体，本事的来源是"干"的创业实践，是不容争议的创业的内在真实。

得到资金以后

1999 年 7 月，华中科技大学新闻学院学生李玲玉，获得武汉世博公司的风险投资 10 万元，注册了"武汉天行健人科技有限公司"。李玲玉也因此成为全国在校大学生领取风险投资的第一人。

时隔一年，这家公司便人去楼空，账目上只剩下 100 多元了。

知情人介绍，当初世博公司投资李玲玉的项目时，既未请专家进行有关技术论证，又没有进行市场调查。对于投资对象李玲玉作为经理人的素质也未进行必要考核，而仅仅是相信了李玲玉所获得的"金奖"：第七届中国专利技术博览会金奖。

4. 创业投资中的"资"是什么。不是为观点寻找事实，而是几乎没有例外的事实启发了我们，提出了创业中的最根本的问题：创业投资中的"资"是什么？没有例外的事实证明：决定创业成败的首先不是资金、主要不是资金，起决定作用的更不是资金。真正的决定因素是一个幽灵般的东西，是人的灵性渗透到物中，物就成为人的灵性的载体，是"灵"决定物的一切：存在、配置和效能；是"灵"赋予物以生命：孕育、出生和成长。真正的决定因素是这样一个独立的存在，它独立于要素资本之外，超越要素资本之上，渗透于要素资本之内，对要素资本起统领、主导作用的资本。

资金与"灵魂资本"对创业的作用，可以用这样两个例子来比喻。

假定你引来了资金，就能创业了吗？好比你要作画，就先买来了笔、纸、墨，都是最好的。这样，你就能画画了，你就能把画画好了吗？你就是齐白石、张大千、李可染了吗？作画靠的是工夫，工夫是练出来的，没有练的这个过程，有什么样的好笔都没有用。

创业者如果把融资看成是创业的关键，就如同那些武林中人：跋山涉水，风餐露宿寻找屠龙刀。以为找到了它，就可以出人头地，鏖战江湖，号令武林。如果真的找到了，你手持屠龙刀，你是谁？你还是你，连拳打脚踢还没练过，非但不能号令武林，相反只能被高手杀死。相反，杨家将里的杨排凤，手拿烧火棍上战场，把金人打得落花流水。假设让屠龙刀大战烧火棍子，结果是不言而喻的。

5. 解决创业资金的现实道路。

（1）依靠自有资源，小额资金启动。

创业本质决定的解决创业资金的最现实的道路是：依靠自有资源，小额资金启动。

①以体力为主的本能资源。精力、气力、体力是年青人的财富，是创业的重要资源。为什么这样说呢？看看下面的故事，只要有力气、肯吃苦，这样的事情难道需要许多资金吗？

城 市 快 递

我的亲戚兄妹两人从山东来到北京，指望我帮助找个工作。我问："能吃苦吗？"他们说："只要能赚钱，干什么都行。"我说："那好，咱们就这么干"。

我说，北京这个城市特大，人际交往与物品移动成本特高，愿意花钱买时间的人特多。这就产生了一个特大需求：给别人送东西，学名叫"城市快递"。干这个能跑腿肯吃苦就行。

先创造最基本的条件：

1. 装部电话；

2. 买辆旧自行车；

3. 印 5000 张名片；

4. 印 1000 张四联单；

5. 起个公司名字——"万佳仆速递公司"；

接下来做什么呢？

1. "扫楼"。以住处为中心，向东西南北开扫，管他什么写字楼、居民住宅，一个门也不漏掉。两个人分别干，两天放出 5000 张名片。

2. 然后，姐姐守电话，弟弟取送物品。很快，电话陆续打进来，一件 10 元当天送到。业务就这样开始了。

3. 接着，就是"取"和"送"没完没了。在干的过程中熟悉这个城市，在干的过程中建立合理的工作流程，在干的过程中逐渐地学会运用统筹学来画路线图。

随后有了剩余资金，自行车变成了电动车；随着业务量的增加，开始了招兵买马；随着"八月节"的来临，起早贪黑地送月饼；随着累得动不了，就趴在床上数钱。

②以智力为主的累积资源。这类资源是你现在就有的，属于你自己的，有待认识、挖掘、改造、完善、提升之后与社会的某种需求切和的资源。什么呢？知识的，技术的，特长的，经验的，兴趣的，等等。

提住自己

她是我老师的女儿，从小喜欢穿漂亮衣服，对"时尚"有着特别的敏感。每每出现则让人眼睛一亮，迎面擦肩则引来"回头客"。

她穿的不是名牌，是款式、搭配、不经意、细节，还有那富有创造性的点缀，加之那儿分俏皮、几分高雅、几分张扬的青春活力，从自然中显出得体、大方、活泼与不同凡响。

她大学选的是服装学院，毕业后留校当老师，不时地被电视台请去做"时尚"节目的嘉宾。

就在这个时候我们在北京相逢，我说时机成熟了。从工作室开始，搞个有品牌的服装设计公司。我还说，服装设计是个大范畴，要做精做专还要再细分。在对象定位上，放在16~26岁之间的年轻女性。在类别定位上，把你的优势发挥到极致——只设计休闲服装。

我调侃道，你的两大资源不能浪费，一是对服装感觉的这个天分；二是经验和名气的积累，有了天分这个"1"，靠努力能无休止地加"0"，加上7~8个就行了。她掰着手指一算，加8个0是1个亿呀。

我说，先不要加8个，从5个"0"开始，往后每10年加1个。

③以环境为主的可借助资源。世间一切财富归根结底源于自然。社会一切有商业价值的东西，都是源于人们对其有用性的发现。"可借助资源"，是与你的家庭背景、生存环境、人文历史、地理条件等相联系的，可以转化为财富的项目。诸如：气候的、土壤的、历史的、文化的、风俗的、民情的、土产的、特产的、家传的、母校的、亲朋的等。这些有的直接可以经营，有的需要转化、挖掘、完善、改造。这类项目少量资金便可启动。

借学校"风水"

我妹妹的孩子在农校读书，毕业那年我给了她2000元和一个项目计划。要点是：

一、借助农校资源

这家农校有40多年的历史，由于它地处城郊农村的独特"优势"，在多次政治运动中，不断有农业科技人才被下放到这里沉淀下来，使得这个很不起眼的地方藏龙卧虎。在农校旁边开家经营农药的专卖店，优势是：

《创业学》：一个中心两个基本点

1. 借了学校的"风水"，让人们自然地把"店"与学校的科技能力联系起来；

2. 可以就近向学校的老师请教，继续学习蔬菜和水果的防病、治病知识；

3. 学校周边的广大农村都是种植蔬菜的农户。

二、掌握经营要点

1. 许多种植蔬菜、果树的农民弄不清楚作物得了什么病，要学会诊断。把所学知识与经营实践结合起来了；

2. 把在学校用过的书和不断添加的书，与农业技术的报纸杂志放到店里，自己学习的同时，更重要的是给农民看。

3. 时机成熟了，可以定期地举办关于农药使用和相关知识的培训班，有成熟的技术也要告诉他们，这些都不要收费。

三、注重打好基础

不要先想钱，要全心全意为农民服务，多往菜地、果园跑，不辞劳苦，一门心思，当个事业来干。从内心把解决农民的困难当作快乐。

两年后，一个小姑娘愣是变成了"非洲人"，身体显得很是壮实：像一个开朗健美的"混血儿"。说到钱嘛，还挺不好意思："一年也就三万吧。"

（2）先把你项目的优势做出来

①懂得资金的本性。自从创业的话题热起来，就和时髦的"风投"搅在一起，成了媒介与学者的口香糖。长期"咀嚼"的结果，营造了一种掩盖事情真相的"拟态环境"：

商机——计划书——风投

多么简单的公式：创业，被简单到写一纸《计划书》去找"风投"！只要把故事讲好就有百万资金到手——还是美元。"风投"的概念再时髦也不过就是"毛"，"皮"仍然是资金，是"职业金融家向有巨大回报潜力的企业投入权益资本的行为"，本质是"嫌贫爱富"，追逐利润，规避风险。这就决定了，它青睐的对象是企业，可能是新企业，也可能是小企业。必须是已经有了前期投入甚至有了实际收入，至少是已经具备经营条件并展示出核心竞争力前景的企业——而不是创业企业。

用别人的钱做自己的项目，决定着你与投资人的关系是雇佣关系；是老板和打工者的关系。资金所有者，不论是职业金融机构还是民间投资者，都是这个项目进而这个企业的法定所有者、股权最大者。而你呢？是项目的操盘者、执行者，是职业经理人、高级打工者。

资金所有权决定了你的身份并不是真正意义的创业者，你运作的项目也不是真正意义的创业。你也就无从感觉拿自己的钱做事的压力；你也就无从体验"风险"是个什么滋味；你的潜能、智慧不可能被全部压迫出来；你的意志与创造力不可能被发挥到极致。你也不可能在从小做起的艰难中享受成功的快乐，在艰苦的磨砺中成长为真正的企业家。

养"小猪"与换"大马"

职业金融家把他们投资的企业看做从市场买来的"小猪"，买的本身不是目的，养也不是目的，把"小猪"养大后再卖出去——上市赚钱才是目的。

这样，你的项目是投资人买去准备养大后卖出去的"猪"，这头"猪"什么时候卖？卖多少钱，卖给谁？把猪卖出去后你干什么？这一切都没你什么事。

②吸引资金的途径。项目与资金是"有条件的相互需要的关系"。为了理解这个"内部"的关系，我们先要知道什么是项目的优势。

什么是项目的优势？先看项目的构成要素。在构成一个创业项目的诸多要素中，一定有一个或两个是决定它具有市场价值的因素，是能够影响、制约、吸引别人用钱与它交换的因素。这一两个因素的存在，就是项目本身的优势。

再看项目的成长过程。一个项目具备能够吸引资金的条件，需要一个运作的前期过程。这个过程表现为项目自身的发育时间和操持者对它的认识时间。

有了"过程"，项目优势的有无与是什么，就必然地发现与证明了。说技术先进，则要完成从技术到产品的转化；说有市场需求，则要有直接的用户；说模式可行，则要有运作过程和效果。

项目对资金的需要是有时机、有条件的。只有具备了"优势"，外部资金的注入才有意义，才能发挥作用。资金对项目的需要，更是有时机、有条件的。只有到了项目的优势能够显现的时候，资金才需要项目，才需要这个能够使自己得以保存和增加的载体，才需要这个能够循环往复转动的"器物"。

项目需要资金的条件

汽油与汽车的关系：项目是汽车，资金是汽油；

种子与土壤的关系：项目是种子，资金是土壤；

小猪与饲料的关系：项目是小猪，资金是饲料。

知道了项目与资金的"内在的相互需要的"关系，应该懂得，所谓"商机—计划书—融资"的公式，是多么的不懂得创业的真实。站在拥有项目的创业者的立场上，就应该记住取得资金的条件：**是把资金需要项目的条件创造出来。**

（3）资源整合决定解决资金的办法。用小额资金从小做起，创造项目的优势来吸引投资。除此之外，就没有别的办法吗？不是那么多成了气候的人都有所谓的"第一桶金"吗？

这里，介绍一些依靠智力与各种资源的结合，依靠对现有经济关系理解、利用、整合、疏通，依靠对企业内部生产与经营环节的沟通，都能够得到项目的启动资金。

①代理销售。报刊上有大量的"诚征"广告，这是企业寻

找为他们销售产品的代理人。这些企业中间，许多正在急切地把新产品推向市场，对代理商的要求和条件都不高。同意做代理的人，可以要求提供必要的支持，可以先拿货，销完后再付款。当你不断地把产品销售出去，在产品变现中，你不仅有了经验也有了资金。

②借巢引资。有的企业濒临倒闭，有的半途停滞，有的准备转产，有的寻求合作。在这样的企业中，有的许多基础设施很不错，有的设备很先进，有的还有土地厂房资源。只要你的项目与现有的技术装备条件大体吻合，就有了与他们合作的条件。

合作方式是多样的，不论是什么方式，你都有了合同或协议。这使得你在名义上拥有或部分拥有该企业的权利，至少是一定期间的使用权，是有法律根据可以对外宣称的。这就为你吸引资金创造了条件：你是有实体的企业，是有了前期投入的企业，如果能弄出点产品来就更有说服力了。

③掮客佣金。如果你能在一宗大的商业贸易中充当中间人，就可以获得一笔佣金。这需要你在供货一方或客户一方有可靠的关系，其中的策略是："两头直接，稳住一头"。

"两头直接"是指供给的这一方一定是产品的货主、产权人；需求的这一方必须是用户或直接经营者，也就是出钱买货的人。所谓"稳住一头"，是指你必须能够制约和控制其中的一方。这样，一是确保成交的几率；二是能够拿到佣金。这种交易的内容是多方面的，可以是产品，也可以是技术。

④质压贷款。许多企业都有库存产品，有积压的，有周转中的。假若你与其合作，许诺适当的回报，或者你与这家企业有某种关系，就可以用这批产品做质压到银行贷款，符合银行"仓单质压"和"物品抵押"这两种贷款方式。

⑤房产销售。那么多的房地产开发商建了那么多楼，都在等着销售，你可以把销售这部分业务承包下来深入做，还可以引进装修公司与物业管理一起做。

做法是与房产商签订合同，规定给开发商的平方米底价和销售时间，销售额扣除底价和费用，就是你的盈利。

⑥经营信用。这是以"现有企业已经存在，但尚未充分利用的商业信誉"为核心资源，通过创造三方共赢的融资模式，取得创业起步资金的套路。这样的企业应该是有较长的历史，产品或服务有稳定用户，对用户有商业信用的。

实施要点是：

1）向固定用户收取预付款，与"预收"相对应，包含"优惠"成分。

2）设计共赢方案。对企业来说获得了拓展业务的资金，稳定老客户、吸引新客户。对消费者来说则节省了必须花费的钱。对创业者来说得到了开发项目的资金。

⑦借来资源。你的家人与亲属中，如果有律师、医生、公务员、金融行业的人员，也就是收入稳定的职业从业者，他们被银行列为"信用贷款"对象。在这些人中找两个担保，便可以在工行、建行等金融机构获得 10 万元左右的保证贷款。

身旁的人有合法的知识产权，经过财产评估后可以向银行申请贷款。如专利、商标、商号、品牌、专有技术、保密的配方、客户渠道等，都可以用来做创业融资的条件。

有的行业的营业执照也是资源。比如国家开始对某些行业进行限制，继续办执照开业困难，同时却有握着执照不营业的人。这时，他手里的执照就成了"稀有资源"，可以用它与急切想进入这个行业的资金结合。

⑧加盟连锁。有一些做加盟连锁的企业，为了扩大自己的市场份额，为了快速增加市场覆盖面积，为了更多地吸收加盟者，他们主动为加盟者创造一些必要的经营条件。

有的实行货物配给制度，有的可以租借设备，还有的为加盟者提供部分资金担保。在这些条件中，虽然有的不是直接的资金支持，但你要真正做，事实上等于获得了一笔资金。

⑨外包加工。如果你的创业产品有销路，有了样品，有了客户，这样，就可以把制造加工外包给其他企业来完成。产品生产

出来后，用客户的货款支付加工的费用。

这样做的条件是自己的项目是好的，自己掌握核心技术，同时市场是已经存在的，拿出产品就有货款进来。

⑩免费租金。不论从事何种经营活动，房租都是一笔很大的投入，如果能够获得免费的经营场所，是一笔不小的创业资金。

到处都有新开办的各类市场，建商品市场的投资人的目的是收取摊位租金。为了能够收到资金，必须有经营者进入才能有吸引人们的商品，有了商品和买商品的人市场才能活起来，投资人才能不断地收租金。

经营市场成败的关键环节是尽快地吸引经营者进入。为了这个目的，他们采取免费进场的策略：承诺第一批进场设摊者，免去几个月的租金；有的免租时间可长达1年。

总结：

"消费贷款"。如果你的创业项目是运输，或客运或货运，就可以把"消费贷款"用于创业。比如办理了汽车消费贷款，首付了10%就拿到了汽车，开着汽车跑运输，用赚来的钱还贷款。

"一房三用"。如果你家准备买房子用做保值增值。这时，不妨买个门市房，即达到了用房产来实现保值，又作为自己的经营场所，还可以抵押给银行获得流动资金。

资产典当。可典当的范围是相当大的，只要符合典当行规定的典当范围就可以。手续也是非常简便的。

（4）政府政策决定解决资金的出路。国家把通过创业解决就业作为一项大政策。与之相适应，从中央到地方政府陆续出台了支持创业的政策，设立了各种各类的"小额贷款"、"创业基金"和"融资担保"。这是每个创业者应该知道和利用的解决资金问题的现实出路。

在这里，存在着信息不对称的问题。这就要求我们的年轻创业者，了解基金种类和支持的对象；准备好申请所需的项目资料；知道基金运作的规则与流程；创造和完善基金需要的条件。

（二）管理学不是创业学

创业学的国内空白，经济学与管理学产生的历史源头，国内学术界习惯引进与传播西方思想，特别是以美国为代表的西方经济学与管理学思想，决定了蒂蒙斯教授的《创业学》，尤其是其中的管理学内容，成为国内有些高等院校开设创业课程讲授的主要内容。大多数开设创业课程的冠名，直截了当就叫："创业管理学"。

1. 管理学不能戴上了创业的帽子。比如：（1）清华大学经济管理学院和清华大学中国创业研究中心的十几名教授编写的，由姜彦福、张帏教授"主编"的《创业管理学》，就是根据蒂蒙斯教授的《创业学》编写的，从结构体系到基本内容，甚至篇章题目都大体相同。（2）一本美国人写的《创业计划书》中规定了"计划书"必须列入的内容，包括了大量管理学的内容："产业规模"、"成本构成"、"战略构架"、"财务报表"、"合同书"、"兼并方案"，等等，管理学的内容成了构成《创业计划书》的主体。（3）一个专家指导委员会开列的"创业课程体系"包括：投资分析、营销策划、经营管理、企业理财、放贷融资、政策规定、法律咨询、质量管理、企业诊断、国际贸易、企业形象、激励机制、劳动保障、劳动力资源等。（4）一个"创业培训课程"的内容设置是：建立企业管理制度、质量管理、财务分析、国际贸易、企业创新、形象包装、品牌战略、品牌宣传、市场分析、ISO 认证等。

这些是什么？

是有相当规模的，比较成熟的，有着多年运作经验的企业才可能知道、才需要知道，甚至也并不完全知道的事情。这分明是把书本上企业管理学的内容，经过选择后冠以"创业"的名义。

这些学问是在说创业吗？学了这些东西能创业吗？创业课程应该教这些东西吗？

2. 管理企业与创造企业是两个问题。应该不必争议的问题是：创建企业和管理企业是有着本质区别的两个不同问题，是企业孕育、出生、发育、成长，与企业成熟、稳定、运作、发展的两个不同的时期，是有着各自特殊规律的不同阶段。

首先是对象不同。管理的"管"，首先是要有"管"的对象，是先要"有什么"才有"管什么"的问题。如果这个"什么"还没有，那你去"管"什么呢？难道这还是个问题吗？创业的"业"还没有，那一大堆现代的丰富的管理思想，尽管精妙绝伦，尽管博大精深，尽管都是"远来和尚"，尽管还是什么哈佛——岂不是战无对阵，无处落脚，无地生根吗？一句话："管理是对企业的'存在'而言"，如果这个存在还不存在，也就不涉及管理。

其次是主体不同。《企业管理学》中"管"的主体是谁？是老板，是经理，是厂长，是 CEO。"管"的对象是企业，一个已经存在的企业。而创业的主体是谁呢？是创业者，"管"的对象是什么？"管"的对象在哪里呢？是"无"，是"没有"。如果一定说"有"，那只能是想法，是计划书，是策划案，是一两个合作者，是对项目的考察，是创业的准备，是正在整合的要素，是必要的探索与实验。所有这些，有"管"的问题吗？是"管"能解决的吗？能用得上庞大的管理学的诸多思想吗？与现有的管理学内容有什么关系吗？

最后是功能不同。管理的基本功能是组织、协调、控制，这是对一个存活的、相对稳定的系统而言的，是对连续运转的、发挥功能的组织而言的。这才有对常规做出规范，对系统中的独立部分确定目标，对相互关联的部分确定边界，对可能出现的问题做出预警，为绩效评价找到依据，建立规则运用制度工具……而这一切，都是创业过程中并不存在的事情，至少是在实现运转——创业过程完成之前——不存在的事情。

3. 管理企业与创造企业的关系。管理是企业走到正常运转以后的事，是越过了创业终点这个边界之后的事情。准确地说，是到了创业已经成功或接近成功的时候，才开始提到创业者议程上的事情。这是因为：到了资源要素能够在集合中运转，到了系统功能能够发挥作用，到了找到赖以生存的核心优势，到了运作模式能够基本稳定，这是什么？是项目的成活啊！是创业的成功啊！走到这一步是一个比较漫长的过程。然而，在这之前是创业过程，在这个过程中，最重要的是能不能活下来的问题，离开"活"这个生死存亡的前提，谈论管理是滑稽的。怎么才能活，才是创业所要研究和解决的问题。

比如财务管理。多大的企业规模进而财务规模，才需要财务管理？事实上，在创业初期以至于创业开始后的相当长的时期，并没有多少财务活动，老板有个小本子记账就可以了。即便是有基本建设的开支，有少许销售，花200元钱请个兼职会计每周来一次记记账，需要你做的事，就是把财务凭证保管好就行了。

再比如，品牌战略与 ISO 认证之类。对创业中的企业那是"很久很久以后"的事情。你的技术能不能转化为产品；产品是不是合乎标准；产品的功能是不是与你的市场目标，也就是消费对象是不是与你设想的购买群体相吻合；你的制造成本能不能得到有效控制；你的产品价格定位是不是合适；你的销售基础是不是已经建立并有效运作；销售通力与策略是不是有效；产品能不能销售出去；货款能不能及时回到账面上……，等等，一句话，你的项目能不能站住脚、活下来还是个问题，就开始研究什么品牌战略、ISO 认证，还有什么"放贷融资"、"国际贸易"、"企业形象"，等等。这好比你爱人习惯流产，子宫外孕的问题尚未解决，你对这些事情不闻不问，而是整天抱着书本，研究你的儿子应该上哪所大学，这不是脑袋进水了吗？

（三）创业不能由"商机"决定

"商机"是什么？是商业机会——应该不错吧，准确地说是"具有商业价值，即市场需求的机会"。那么，"机会"是什么？

97

机会是行事过程中的际遇、时会、时机，其特点是偶然性与意外性。这样解释机会，不会有哪个中国人不接受吧。

1. 创业不可能凭"机会"开始。根据上面对"商机"的解释，机会所具有的本意都与创业无缘。

先看机会的特点。机会是偶然的"遇"，意外的"会"。"遇会"是当事人与某个事物之间的"遇见"或"碰到"。这样，机会就不是当事人单方的事情，如果没有另一方的出现，就无所谓"遇会"。如果另一方可以通过主观行为能够找到或发现，那就不是机会了。

可见，机会不是"找"的而是"碰"的，是"可遇而不可求"的。如果把机会作为创业的条件，那就是说，有机会创业、没机会就不能创业。这样，创业已经不是人的主观意志行为，不是人对事业目标的自觉选择，而是偶然的事情、意外的事情。

再看机会产生的条件。机会存在于行事的过程之中，这是机会发生的条件。就是说，人只有对某个事情深入进去专注其中，只有在从事着、进行着、实践着，总之是在"干"的过程中才可能发现、遇到、碰到机会。离开"干"的过程，碰到机会的"机会"是没有的。这就是"机会向有准备的人招手"。"有准备的"的那个人，必定是积极努力、不懈追求、勇于探索、不断实践的人。一句话：机会属于"干"的人。对于这一点，我在创业10年的实践中体会极其深刻，没有对一个项目全身心的投入，没有对这个特殊认识对象的透彻理解，哪里会碰到什么机会呢？相反，只要这样干了，机会总是有的。

而所谓"商机"，恰恰是在"引资"之前的"商业计划书"之前的事情，是在"干"的行为发生之前的之前——这就不会遇到机会。因此，如果凭"商机"创业，创业就成为不可能的事情。

2. 商机的内涵是"项目"。从蒂蒙斯教授阐述"商机"的内容出发，实事求是地理解"商机"的内涵，更多的时候并不是指"机会"而是指"项目"："项目"的本身与对项目的选择。这样，讲"商机决定"事实上是在说"项目决定"。怎样认识"项目"在创业中的地位和作用呢？

项目的选择是非常重要的事情。这里所说的"重要"，不是对融资而言，而是指项目本身的"可行性"。所谓"可行性"：

（1）"可行性"首先是指项目本身是否具有内在的品质：优秀的基因和真实的效用，满足某一特定群体的正当、恒久、潜在的需要。

（2）"可行性"还指创业者本人的"基础资本"的积蓄：由知识与经验的积累所决定的本事与能量，是不是适合做这个项目，是不是能够驾驭这个项目。因为选择项目不仅是主体对客体的选择，也是客体对主体的选择。而后者又是主要的，容易被创业者所忽略的。

3. 项目的内含是"市场决定"。蒂蒙斯教授阐述"商机决定"包含两层意思，一是对融资而言，好的"商机"（项目）才能吸引投资者；二是对市场而言，好的项目是有市场需求的项目，决定着新企业能不能高速成长。可见，"商机"的核心思想是"市场决定"的观点：

——在企业与市场的关系中，市场决定企业的生死存亡；

——在供给与需求的关系中，需求决定供给的有无多少。

总之，确切地定义"商机"：

——"商机"是"项目"，"商机决定"是说"项目决定"；

——"项目"是"市场"，"项目决定"是说"市场决定"。

所以，当谈论商机的时候，除了融资需要之外，其内涵事实上是在说"市场决定"，是市场决定一个创业项目的生死存亡。

（1）"市场决定"是僵化的思维教条。这是一个观念化的思想，它不断地在"创业"、"企业"、"项目"、"商机"、"市场"的话题中被重复着、强调着，几乎怎么说都不过分。这与国内许多人主张的"市场是一，其他都是零"的声调一致，争先阐述唯恐不及，没有不同声响、没人怀疑它的真理性，形成了毋庸置

99

疑的思维教条。

重复100遍的话不都是真理：道理上经不住推敲；违背了创业与做企业的内在与真实；事实上已经成为创业与运作企业的误区。

（2）市场是创业者自己。

①"市场决定"在道理上经不住推敲。市场是买与卖关系的总和，是供给与需求的统一。卖与买、供与求之间是相互影响、相互作用、相互创造对方。站在创业者或企业的角度，需求影响着供给。站在消费者或用户角度，供给影响着需求。需求的有无大小，必然受到供给方存在本身和作用程度的影响，因为供给的存在永远是需求存在的条件。

这就是说，供给影响需求、改变需求、创造需求。作为供给一方的企业与创业者，具有影响并在一定程度上决定需求的作用。企业能动作用的发挥，不仅能够在空白处创造市场，还能在已经饱和的市场中挤出一块、分割一块、占有一块。

而市场决定论否定了市场是供给与需求的统一体，无视统一体中双方相互作用的事实。把市场说成了企业的对立物，独立化、对象化、外在化了，成了操生杀大权的魔王，创业者与企业只有认识与适应，没有影响与创造。

此种认识表现在项目的选择上，就成了"选项"决定创业成败：选择了有市场的项目，创业就决定性的成功了，否则就必然性的失败了。

②"市场决定"违背了创业的真实。

1）1996年我开发了一个产品——集中了三项技术搞了一年多时间，推向市场后，三条战线两年时间一塌糊涂：7个办事处的销售成本大于销售收入；40家代销商大部分不回款；直销数量有限。面对这悲惨的事实，所有的人都认为："没市场"。在1999年我们改变了战略，集中搞北京一个市场且亲自坐镇，成功创造并运用了"点规模渗透"的销售模式。结果三万库存两个多月销售一空。

《创业学》：一个中心两个基本点

你说，有市场还是没市场？

2）专家警告，库存的鞋够全国人民穿20年，意思是鞋没市场了。但看看北京的大康鞋城和沙子口的温州鞋城，火的不得了，进进出出的人拥挤不堪，各个摊位的老板放货、点钱忙得满头大汗，何至如此？一个字："新"。只要能推出新款就有市场，否则就没市场。

3）两个小伙子找到我公司谈合作。他们带了一支队伍在济南大商场卖货，专门寻找新产品的生产厂家进货，然后凭"口子"工夫销售。"口子"是一组精彩上口的话，他们说，编好"口子"是要工夫的。要对产品性能理解很深，对效用掌握很准，突出特性、找到卖点、合辙押韵、朗朗上口、句句打动顾客的心。还要设计一套简洁的动作现场演示，动作与语言默契配合。他们称："只要给我一件产品，定会让它畅销无阻"。后来，在北京文化宫的展销会上，我见到了一个小伙子，那"口子"真是了得，语言生动有趣，动作干净利落：那刀在他手中飞舞，无所不能。围观的人都叫他"小李飞刀"。

③一个来自实践的结论：市场就是自己。一切取决于能动作用的发挥。讲市场是供求的统一，讲企业也是市场的一部分，讲企业具有影响市场的能动力量，有些理论味了，说白了一句话：有没有市场就看你干的怎么样。

只要大方向对头，不在于你干什么而在于你怎么干。质量、功能、成本、价格是基础，开拓市场的能力、办法很重要。

第一，是你做产品的火候。多数新企业的夭折，是销售收入补偿不了费用而难以为继，抱怨市场又疲又软就是拱不动。从直观上看是这样的。但深究起来原因并不在市场，至少不完全在市场。在什么？只能具体问题具体分析。可能是技术不够先进、不够成熟；可能是产品功能不够强、不够完善；可能是成本还没磨炼到份；可能是价格定位不对；可能是管理跟不上去；可能是系统功能没有正常发挥；可能是运作模式没有找到、没有形成、没有稳定；总之是火候不到。

第二，是你做市场的工夫。产品对市场的影响力，是创业者必须具有的工夫，这功夫是在打市场的实践中练出来的。对创业者而言，要坚定地相信：市场永远是买与卖交织在一起相互影响、相互作用的集合，是生产与消费互为源头、互为因果的过程。因此，不能因为如今是买方市场，就无视供方——自己的存在和作用，放弃自主的努力，生死由"市"，听天由"市"。许多企业出师未捷英年早逝，可能是入市的渠道没找准；可能是进入市场的通路不顺畅；可能是适合产品特性的销售方式未发现；可能是目标群体定位不准确；可能是销售管理跟不上；也可能是还没有找到一个抓住消费者心理的概念，可能是销售的基础没搞好。

第三是市场就是你自己。只要不怀有偏见，有这样一个事实不得不承认：失败的项目与成功的项目重合率大得惊人，这说明什么？说明只要符合人类和社会的基本需求，在成长的行业与生产服务的链条中占住一环，一句话，只要大方向正确，那就在于你怎么干。关键是你的产品做的怎么样，打市场的工夫怎么样。比如，市场决战在终端，工夫在终端：一个产品有它特定的消费群体，要让产品与他们约会谋面，要有特定的时间、场合，有吸引他们注意的方式，进而引发购买欲望并转化为购买行为：掏钱。把这些事情做好了，就构成你开拓市场的能力，最终决定着你的市场有还是没有。

总之，市场为何物？是你的本事。市场是谁？是你自己。

④一个创业的大陷阱。"市场决定"的观念对创业者的误导非常直接。我们见过太多太多的现象：那些激情创业的人们不停地转换目标，不停地变更自己的项目，桩桩浅尝辄止，件件半途而废。若干年过去，终究一事无成。他们总结的原因：

1）"没有市场"。任何产品的成熟都是个过程，被市场接受也是个过程，创业者对一个项目的理解与把握更是个过程。在这些过程中有许许多多的细节，而解决好这些细节，完成这些过程，必定会面临许多困难、矛盾、麻烦，而解决的途径与办法又有多种选择。事实上，许多创业者并没有完成这些过程，或者在完成这些过程中，一旦碰到困难与挫折的时候，一个声音——权威的声音在耳边响起："市场决定"，一个观念——毋庸置疑的观念在脑海中浮现："市场决定"，——对了！是没有市场啊！那我还折腾什么？

2)"市场决定"。一个产品开发的过程，同时也是创业者能力形成的过程，表现在整合资源、驾驭要素的能力，对具体项目的通透和把握。创业成败的根本在于创业者的资格与本事。而"市场决定一切！"的呼喊，掩盖了决定创业成败的是创业者这个内在的真实；割裂了一个项目的成败与创业者能力必然的联系。使得多少创业者放弃自主的努力，把遇到困难做不下去的项目，归结于"没有市场"：项目本身不行，项目选择错误，进而当初决策失误，于是就放弃了之。

这，就是"市场决定"对创业者的误导；这，就是"市场决定"把许多进行中的项目引向放弃而夭折的陷阱。

⑤给"市场决定"的结论。

1)它无视这样一个事实：做什么都可能死，做什么都可能活。决定性的作用是：主要不在于你做什么，而在于你怎么做。

2)它割裂了市场中需求与供给的关系：相互影响、相互作用、相互创造对方的关系；特别是创业者能动的创造性作用。

3)它掩盖了寻找创业成败深层原因的路径，引导人们把一切失败简单地归结为项目不行，从而忽略创业中若干过程和无数细节的决定作用。

4)它不懂这样一个真理：创业成败的决定因素是，创业者本身是否具有通透与把握一个项目的资格，是否拥有创建一个新企业的"灵魂资本"。

三、做大、做快和无序的错误主张

（一）创业没有规律吗

在南昌，当我第一次听到美国百森商学院的张莉博士和清华大学的高建教授讲到："创业，没有自己独立的、完整的思想，只能是相关学科的整合"；"解决创业的基本问题要靠学科整合，没有自己的规律。"当时，我真的以为是听错了，甚至怀疑是他们的口误。因为这不是学者的语言，甚至不是具有基本科学常识的语言——尽管是重复美国人的话。既然"没规律"可言，那我们还在这里"言"什么呢？既然"没规律"可言，那我们还有什么可"说道"的呢？既然"没规律"可言，那还要这个学科干什么呢？

1. 一个明确的观点。当我仔细阅读了蒂蒙斯教授的《创业学》后，知道了"创业无规律"是书中一个明确而一贯的观点：

（1）"创始人的多样性却向普遍规律提出了挑战"（第39页）；

（2）"百森的本科 MBA 课程设计以学科整合为基础"（百森商学院简介）；

（3）"创业的世界不是整齐、有序、线性、一致和可预测的，即使我们非常希望它能够如此……这些说明了这个世界是多么的矛盾与混沌"（第26页）；

（4）创业"没有什么理想的创业个性模式"（第37页）；

……

2. 一部大百科全书。正是基于"创业无规律"的认识，才出现了各种学科、各种观点在创业题目下的大整合；才使得展现

《创业学》：一个中心两个基本点

在我们眼前的《创业学》成为以融资、管理、商机为基本内容的，涵盖了几乎全部经济与管理科学的"大百科全书"；成为一盘颇具美国特色的巨大"色拉"。

比如：

（1）70多个条目。在分析创业者的心理、态度、行为、素质、核心、动机和分析创业者角色、创业领导力、创业特殊品质这些问题时，涉及条目多达77条（见第9章）。

（2）40个方面。在阐述影响创业的因素中，罗列了性别、教育、种族、民族、文化、创业环境、创业条件、创业类型、创业种类、创业政策，等等，多达40个方面（散见在全书多处）。

3. 创业规律是独立存在。创业会没有规律吗？与大洋彼岸的"原创"思想有关，不仅国内的有些学者接受了"创业无规律"的说法，有些没有创业实践的青年人也认为，"创业是随意的，无规则的"。他们的理由是，"许多成功的企业家并没有多少文化，不是也把企业做的很好吗？"必须承认这是个事实。但是这个"事实"不能说明创业是随意的、是无规则的。

首先，要把学历标志的文化程度与创业成功的关系区分开来。文化是知识的传承，可以靠教育获得。而创业成功靠的是能力，能力不是教育的结果，是在实践中历练的结果。因此，文化或受教育的程度与创业的能力决定的成功是两个问题，没文化不等于没能力。

第二，所谓无规则的创业行为是有的。但那是在改革开放初期、短缺经济时代，是只要有东西就能卖出去的年代，是干什么都是添补空白的特殊年代。在这个特殊时期的特殊条件下，即便是对规律规则没什么理解，也可能把事情做起来，但大多数的发达都是短暂的。

第三，无规则是创业者在一个项目开始后一个阶段的现象。凡是成功者，都是他在干的过程中经历了许多挫折，遭受了许多失败，走了许多的弯路之后，逐渐地悟到了一些创业中的"道道"，也就是在挫折、失败、曲折的痛苦中，不同程度地"悟"

到了一些创业的规律，以不同程度的自觉性遵循了规律，这才有最终的成功。这是绝大多数创业的成功者所经历的从"败"到"悟"再到"成"的真实历程。

4. 规律是任何事物所固有。老子讲的"天网恢恢，疏而不漏"中的"网"即"道"，这个"道"就是现代汉语中的规律，它存于天地之间，藏于万物之中，无处不在，无时不在。现代文明的一切都证明着："万物皆规律"。现代科学的全部成果，都是对规律认识的结果。任何学科的根本任务，无一例外的都是以揭示某一领域的规律来指导实践。怎么唯有创业这个"事物"会没有规律呢？难道创业就不是个"事物"吗？

创业不仅是个"事物"，而且是不小的"事物"。

"创造一个新企业"首先是个过程，是一个从孕育、出生，到发育、成长的比较漫长的过程。与项目本身特点和创业者基础资本的储备等因素相联系，这个过程通常需要1~2年甚至更长的时间。

"创造一个新企业"是造就一个新的生命体。新企业不是各种物质资料的堆积，也不是各种资源要素的集合，而是创造一个能够与生存环境进行能量代换的组织，是创造一个有血、有肉、有灵魂的生命体。创造这个新的生命体，是一个从"无"到"有"的、颇具创造性的活动。

"创造一个新企业"是创造一个能够发挥功能的系统。这个系统的创造是诸多过程与步骤的衔接，是诸多部分与环节的联系，是诸多静止因素之间的连续，是在联系中的平衡运动。因此，这是有相当难度的创造性的活动。

那么，在创造一个"从分散到集中"、"从无到有"、"从死到活"、"从静止到运动"的有机生命体的比较漫长的"过程"中：

（1）有多少问题需要研究、需要回答、需要解决。为什么绝大多数新企业未能完成这个过程就死掉了？这其中有多少必然的东西需要去认识。

《创业学》：一个中心两个基本点

（2）仅仅就解决通向"活"的这个"活"该怎么"干"？这其中会没有本质性、普遍性、必然性的东西吗？会没有属于自己固有的、独有的、特殊的"道道"吗？

凭什么认定创业"没有属于自己的规律"呢？

5. 发现创业规律不容易。尤其是在前人未能提供有价值的思想材料的条件下，发现创业规律不是件容易的事情。创业规律是一个真真切切的存在，它隐藏的很深很深。

（1）它不呈现在事物的表面。"反道者动"，它会通过失败让你感觉到它的存在，比如，在创业的实践中，在一个点上，一个问题上，一种行为方式上，一种观念指导的模式上重复失败，这就是反复冲撞了它，它会让你在刺心的痛楚中感觉它沉默的真实。

（2）不是谁都能够发现规律的。一两个产品的开发，一两个创业的过程，几次失败的刺激是不够的。只有穿越时空的局限，把许多现象联系起来，在理性的反思中才能认识它。只有在认识与实践的交替中，保持探究的敏感，捉住一闪即逝的火花，才能看清它。

（3）不是一般的思考能够认识的。要确凿地认定它，完整地表述它，没有静默与超然，没有潜心的参悟，没有封闭的环境，没有相当深度的、艰苦的抽象思维，不把这种参悟与思维持续下去、进行到底，同样是不可能的。

6. 创业规律不是现有学科的罗列。创业规律是一个真实的存在、独立的存在、特殊的存在。

（1）它不是现有学科的罗列。比如：某大学与某社会科学院宣称：中国创业规律的科学体系已经形成，包括：创业哲学、创业心理学、创业环境学、创业教育学、创业法学、创业管理学等12门。

（2）它也不是影响创业的各种因素的集合……；它更不是盲人摸象般地谈论无数个关键……；它也不是痛说革命家史，展示累累伤疤警示后人……；

它应该是什么呢？

（1）它是一般性与普遍性的原则；是万变中的不变；是浑浊中的清晰；是无序中的秩序；是不确定中的确定。

（2）它好比是一条铁轨，沿着它走可以，偏离它不行；它好比是探险神农架的指南针，时刻指引正确的路径、目标与方向；它好比是三峡的航标灯，告诉你什么地方有暗礁。

（3）它是创业活动内在真实的揭示，是创业成败终极原因的根本性结论，是新企业发育成长脉络的描述，是能够复制的通往成功之路的模式，是由规律锻造的一个工具，包括创业者必须树立的观念、必须遵循的程序、必须恪守的规则、必须回避的陷阱、可以运用的方法。

7. 《民富论》对创业规律的探索。《民富论》为探索创业投资的规律做出了积极的努力，创立了构成规律的四大理论支柱：资本之魂、资本之根、模拟、运转。

比如，灵魂资本。它的产生，是在追究成败的终极源头中，发现创业过程是在不断选择中抉择的过程，是成功与失败交织在一起的过程。新企业是资源要素在集合中运动的系统。在相互制约的过程和有机联系的整体中不存在什么关键。起决定作用的是超越"过程"与"系统"之外的一种力量，一个不为人们感觉的幽灵般的东西。这，就是灵魂资本：整合资源、驾驭要素的能力、本领、资格，对具体项目的通透、理解和把握。因此，创业投资的"资"，首先不是货币资本，主要不是货币资本，起决定作用的更不是货币资本，而是灵魂资本。

再比如，模拟。创业失败的原因，表面上是林林总总，但共同的原因是创业者在起始阶段，面临着他意识不到的矛盾：演习和实战的矛盾，能力与实践的矛盾，功能创造与功能决定的矛盾。比如，创业所需要的创造能力只能来源于实践，而创业者通常是在没有创业实践、不具备能力的情况下开始创业的，事实上面临两难的境地。解决的办法，是用探索与实验的观念、最小规模的方式、逆向投资的程序、虚拟销售等办法开始创业。

基础理论的突破，产生了一系列全新的观念：未战先胜的育根观念；运转就是一切的观念；市场自我的观念；立足长远的目标观念；项目的生物观念；创业的程序观念；一切经过实验的模拟观念；务实而不能务虚的先难观念；利他是根本行为准则的观念，等等。原创思想体系的建立，彻底否定了一些传统和现代的创业观点：决策决定、市场决定、知识决定、预测决定、速度决定、规模决定，等等。

认识了规律也就发现了道路。规律在程序上的表现可以标出一条清晰的路线：把打造灵魂资本设定为总路线；把"获得生存权利"作为总目标；把创业进程规范为六大阶段：起步—选项—育根—模拟—运转—过渡。这六大步骤承上启下，环环相扣，不能颠倒，不能缺省，每个阶段都是下个阶段的决定基础和必须条件，再分阶段地讲清楚每个阶段的地位与目标、歧路与陷阱、观念与规则、步骤与方法，让人们知道创业这个"活"怎么干，创业的路怎么走。

（二）"大"是创业关键吗

《创业学》的各编、各章、各节、各段，字里行间都渗透着创业要"大规模"的论述，是毋庸置疑的明确、稳定、一贯的创业观念。

1. 《创业学》中关于"大"的表述。

（1）《创业学》从一开始就试图鼓励有志向的创业者"尽可能大气地思考"，"思路要大气"是书中反复使用的标题。

（2）"这类规模小的企业，生存和成功的机会都要小一些，即使生存下来，获利水平也很低"（见第27页）。

（3）"公司越小意味着失败的可能性越大"，这又是一个标题。

（4）"不幸的是，在所有新建企业中，存活率的记录不太让人乐观"，"在这些失败的企业中，雇员少于100名的企业占

99%"，"年收入达到 200 万~300 万美元的企业，生存下来的几率比较高"（见第 32 页）。

（5）"规模越大……企业的商机就越大"（见第 32 页）。

（6）"如果你要创建一家公司，就应该想着建立一家大公司"，为什么呢？因为"小企业主，就像一个奶牛场主一样被生意束缚和困扰。每星期工作时间长达七八十个小时……生活单调，没有什么新鲜感"（见第 48 页）。

（7）"最小规模超过 1 亿美元的销售额是有吸引力的"（见第 81 页）。

2. 《创业学》中关于"大"的理由。道理是再简单不过了，创业就是要大，只有大才能生存。反之，小就不能生存，至少是死亡率很高。创业的规模为什么要大？《创业学》中讲了两点理由。

理由之一是：小企业主被生意束缚和困扰，工作时间长，获利水平低，生活很单调，既辛苦又不很富有。

理由之二是：规模小的新建企业生存和成功的机会小，越小意味着失败的可能性越大，这是根据所有新建企业的存活率记录得出的结论。要大到什么程度呢？雇员要超过 100 名，年收入达到 200 万~300 万美元，才可能生存下来。

3. 一个不能令人信服的结论。企业主的生活状态与企业大小有什么关系呢？"企业主的生活状态"不应该成为"创业必须做大"的理由，这是没有什么可值得说道的。值得说上几句的是第二个理由：因为小企业死亡率高，所以创业就要建大企业。

这个结论是没有根据的。

第一，"小企业死亡率高"不是事实。企业小怎么是死亡的原因呢？什么时候、什么地方，企业的大小成了成败与生死的原因了？事实上，不论是美国还是日本还是欧洲还是中国，小企业都是企业中的绝大多数，小企业的存在从来都是经济生活的常态，断定"小企业死亡率高"没有任何事实根据。

第二，混淆了现象和本质。小企业中的一个部分死亡率高，哪部分呢？是小企业中的"新"企业，是正在创建和新建的小企业死亡率高——新企业通常都是小的。"小"是死亡率高的表面现象，"新"才是死亡率高的本质。总之，"死亡率高"不是因为"小"，而是因为"新"。

第三，颠倒了因果关系。"新"与"小"是两个有联系的事实。"新"与"小"对死亡率而言，哪个是原因哪个是结果呢？事实告诉我们：是因为"新"所以才"小"。因为任何"新生"的事物都是小的，任何"大"都是由"小"发展起来的，所以，新创企业通常都是小的。这既符合普遍规律又符合基本事实。把死亡率高的原因归结为"小"，是把结果当成了原因，从"原因"中得出了"新建企业都必须大才能生存"的结论。

第四，做"大"也避不开"新"。姑且不谈一开始就做"大"的可能性。问题是开始就"大"，也不能超越创造新企业的过程，也不能一开始就是一个成熟的企业，不可能一开始就是高速发展的企业。这好比刚生出来的"小象"比刚出壳的"小鸡"大得多，但"小象"仍然是婴儿，仍然有很高的死亡率。

怎么办？按照蒂蒙斯教授的逻辑，就要避开死亡率高的出生期：生孩子从8岁开始，让小鸡"在出壳的第四天出壳"——这可能吗？

4. 创业：规模大不得。就规模而言，需要说清楚两层意思：第一，"小"是新企业的常态；第二，创业的起点规模不能大，也大不得。

（1）从"小"开始是正路。创业是一个事情的初始，初始的东西总是小的。对这个小，是万万不能小看的。正是由于小，才能"见小曰明"，事情才相对易于筹谋、易于看透、易于把握，才能在指导行事中成竹在胸。因为小的事物中蕴涵着生存、发展、强大的全部基质。正是由于小，才有成长的无限空间，因为任何事物的大都是由小发展而来的。可见，小中有明、有强、有广阔的前景。把握住了小就把握住了大，就把握住了事物的根本。

在经济生活的现实中，只要用心去看就会发现，企业的强弱与大小无关，小的未必弱，大的也未必强。日本的500多万家企业中，中小企业占99%，和中国的情况差不多，而他们提供的就业人数则占企业从业人数的75%左右。他们在激烈的市场竞争中有着旺盛的活力，正是由于小企业往往把产品做得很专业、很精密、很细致、很有特色、很有深度，牢牢地占据一个产业链条中的一个点，具有不可替代的竞争力。而许许多多庞然大物轰然垮塌，我们早已司空见惯了。

相反，投资和运作企业的过程中，总会遇到许多权威的、时尚的观点影响你，不论是"把鸡蛋放进多个篮子里"，还是"打造不沉的航空母舰"，都让人觉得挺学问、挺气魄，影响着许许多多的初创企业者和进行者。表现在投资行为上，热衷于轰轰烈烈、轻埋头苦干的有之；看重表面的气魄，轻资本质量内涵的有之；先搞基本建设铺摊子，再完善技术工艺的有之；先进行固定资本投入弄出产品来，再找市场搞营销的有之；先租下门面堂而皇之，再磨炼服务内容的有之；先搭起架子完善系统，再寻找经营模式的有之。凡此种种都是高起点、大规模的创业观念使然。

在创业中一开始就追求高起点的，能够运转起来，生存下去的很少，通常是把银行的贷款或筹措的钱花完为止。也有的民间投资者，在短缺经济的年代因接近资源的优势赚了钱，膨胀起能干大事的自我感觉，在实体投资上追求资金和技术的高起点，几乎无一例外地昙花一现。相反，那些从小到大，在生存的压力下备尝艰辛，在竞争的残酷中摸爬滚打，在经受挫折中逐渐成熟的企业，才得以生存并慢慢地发展起来。

结论：

小是美，小是强，创业从小开始是正路。

（2）起点规模大不得。规模失当导致投资失败通常不易被人察觉，因为规模是投资的总体存在，对失败的作用不直接，但它却是一个巨大的隐性因素。

除了观念误导之外，创业者本能地具有把企业做大的企盼，在投资起始尽其能量追求一定的规模，尽快搞定生产经营的一切基本条件。其心路变化有点像装修自家的房子，一旦干起来就几乎抗拒不住高档的诱惑，在进行中追求尽善尽美。正是此种做大的潜意识驱动，不自觉地被自己造就的一种"势"所推动着，被迫把规模放大了。不适当地扩大规模，其颠覆作用发生在三个致命处：

一是把投资者的能力，应该在实践中逐渐增长的能力，过早地推到了极限，由此发生混乱与失控。

二是对投资对象的内涵，应该在由小到大的成长过程中，不断的加深认识和理解，在一步迈大的过程中省略了。

三是绷紧了资金的链条，应该是宽松有余地的资金链条，被拉紧再拉紧，以至于完全没有松动的余地，一旦绷断则运转就中断了。

结论：
创业起点大的本身，就隐藏着颠覆性因素。

（3）投资规模要适当。对于规模，不是小就是绝对的好，最重要的是要适当。什么叫适当？规模的适当相对于：

第一，行业种类。行业种类的特点就像动物的遗传基因一样，是一个带有自然属性的现象。比如鲜花店、网吧、美容院、食杂店等，它由周边辐射的居民数量决定，怎么可能做大呢？连锁则另当别论。相反，搞农业种植养殖、小商品批发，没有一定的规模就很难盈利。

第二，市场容量。企业规模要与市场需求量相适应。有的产品价值小重量大，利润会被运费吃掉。也有的产品受保质时间限制，不宜开拓远方市场。这两类产品受产地市场的容量限制，进而就决定了企业的规模。

第三，开拓能力。新的产品与开拓市场的能力有直接关系。你是否拥有这种能力，同样决定产品的数量进而决定企业的规模。鉴于产品制造容易，而销售相对困难，规模设定就一定要与你在一定时期（比如一年）可能具备的市场开拓能力相适应。

113

第四，流动资金。它与规模是最直接的正比例关系。流动资金的供给必须持续到良性循环的那个时点——销售收入开始进账的那一天。这时，企业运转的耗费才开始得以补偿。在这一天到来之前，资金要不停顿地投入且不能中断。如果资金的准备不能维持到这一天，投资的项目就会夭折。

第五，管理能力。管理能力的形成，是建立在企业发展过程之中的。比如管理费用，哪些绝对不可以发生，哪些要控制，控制到什么程度，如何控制，等等，都只能在实际操作中做出规定。既然能力的产生是实践的过程，投资规模就要与管理能力相适应，否则便将败于管理。

结论：

创业规模是被多种因素客观地决定着的，规模适当才是最好。

（4）大"规模"的故事。近3～5年与我接触较多的两个老总都热衷于"造壳"，这是我对他们投资做法的概括。他们在项目选择和投资上都是踌躇满志。

一个是追求资金的高起点，在形式上要竭尽所能地表现其"大"、其"阔"。他是把总公司给他的乙烯进口设备库当厂房，本来挺敞亮的，功能也比较完善。可他弄了200万元去改造这个库，又弄了100万元再去完善、修饰这个库；外商的生产线进来了，却没有流动资金生产，望库兴叹，望外商手里的定单兴叹。

另一个更是有气魄，前些年靠跟着电力发展的大势，造电器开关赚了钱。大概是感觉到整天折腾铁皮板金不够"知识经济"，科技含量不高，3年前决定开发一种科技含量很高的无线通信产品。既然科技含量很高，也要在形式上表现。于是乎，他踌躇满志地造了个彩壳——很漂亮的花园厂区，银光闪闪的大厂房，花了两千万。但是，由于对该项技术了解得不彻底，至少是估计不足，使得资金供应中断了。现在，养着技术骨干满世界找合作伙伴。不言而喻，这两位仁兄如果不是刻意追求什么高起点，不是先造壳而是先造根，怎么会有这般窘困。

早年在我的公司工作的一位女士，与我的一个湖北客户合作，在武汉开了家精品服装店。不知道他们是听信了哪方神圣的指点，他们认为越是高档服装差价就越大；规模越大就越是风险小。这样说是有一定道理。但是，道理是建筑在特定条件基础上的，这个条件应该是：在经营上有一定的历练，对精品店的相关滋养和基本要素能够把握，管理水平也能跟得上。这样，在原来基础上适当扩大是可以的。而他们是创业初始，"神圣"的道理，就像许多书本知识一样，是沙滩楼阁。他们在营业面积上一下子搞了400多平方米；在装修上达到顶级豪华。门面上不惜高贵材料，一次招聘了16个员工。开业后，由于在货源上依赖进口，货源不稳定，经销商加价太高，门市租金太贵，经营举步维艰。后来找了个服装设计师自己设计，委托加工，但与厂家仍然有着诸如批量、单价、交货时间等问题。最后只好低价转让了。

如果在项目确定后，在小规模经营的过程中，对进货渠道、品种选择、服装设计、委托加工这四个构成要素分别加以考查，分别加以检验，对这四个方面都能够达到理解、把握，就能够遏制对项目的迷恋心理，也能够控制在遇到困难时的慌乱心态，那么，结果就是另一番景象。

结论：

规模适当还取决于项目本身的特点，对项目理解的程度和把握与控制的能力。

根据以上所述，从普遍事实与深层道理的分析上，得出了创业不能大规模的结论。同时发现，主张"大"并不是蒂蒙斯教授关于创业的主张。

因为他在主张"大"的时候，事实上不涉及创业的实践与过程，并不是对创业者讲创业规律。他的话语前提是资金，不论动机、目的与效果，都是对风险投资者说的话。是为了刺激"风险资本的兴奋点"，是满足"不同投资者的偏好"，是为了得到投资者的"肯定而被提议",是为了回答创业是为"投资人而存在"而"创建最大的价值"。

这样,"大"的观点是用来派什么用场的呢?是创业者用来对投资人讲故事:被我们发现的巨大商机,规模多么的大,发展速度多么的快,资本回报期多么的短,资金利润率多么的高。而所有这些,不仅是用来在嘴上说的,更重要的是要写到纸上,写到《创业计划书》上。所以,"大"的目的直截了当,清清楚楚:纸上谈兵。

从这个角度也可以证明:《创业学》不是说创业,而是融资。方方面面指向融资,时时刻刻不忘融资,条条大路通罗马,浑身解数为融资。融资就是"创业","创业"就是融资。

结论:

蒂蒙斯教授说的"大"不是指创业行为,而是对融资需要而言。

(三)"快"是创业关键吗

1.《创业学》中的明确观点。《创业学》的每编、每章、每节、每段,字里行间都渗透着创业要"快速度"的论述,是毋庸置疑、明确、稳定、一贯的创业观念。《创业学》是从三个角度论述创业要快的。

第一,在商机考察的标准中,特别强调"快"的作用。

(1)"速度、反应机敏是非常关键";

(2)"……最快的攻击速度,是取得成功的关键"(见第48~49页)。

第二,在新企业的增长率上,强调"快"的作用。

(1)"具有……25%以上的年投资回报率";

(2)"高而持续的毛利率,40%~50%的毛利率提供了更多的持续性"(见第63页);

《创业学》：一个中心两个基本点

（3）优秀企业的标准是"成长速度快……20％以上"（见第80页）。

第三，在强调"快"的目的上，回到融资上。

（1）之所以要快，是为了满足"风险资本兴奋点"，否则，"资本市场不感兴趣"（见第49页）；

（2）"新和小是两项不利的因素，它们不利于企业的生存"（见第29页）。

《创业学》中的"大"与"快"是经常混在一起来谈论的。因为谈论"大"与"快"的目的是一个问题——吸引风险投资。但对于创业而言，"大"，是指起点规模，指标通常是资金投入。"快"，是指创业进程的速度，包括把新企业推进到盈亏平衡所用的时间、收回投资的时间、资金和成本利润率等。

在谈论创业的时候，规模与速度是两个问题。上面议论了"大"。这里谈创业能不能"快"，应该不应该"快"。

2. 创业，快不得。《创业学》强调速度"非常关键"，"是成功的关键"。这就是说创业的成败取决于速度的快慢，只有"快"才能成功才能生存，"慢"就会失败就会死掉。

（1）学者们的"快"论。创业必须快，也是中国学者们的强烈主张。比如：

①经济学家的第一号"种子选手"厉以宁教授，在多种场合经常教导创业者说："新企业必须尽快盈利，否则就会死掉"。

②要实现"超速和跳跃发展"。比快还要快，就要"超速成长"、"超速运动"。一般的超速不够，要"跳跃式发展"、"跳跃式运转"。观念的制造者抓住这个"快"字做卖点，编成书、写成文很有声势地张扬。

③要"像'涡轮'一样飞起来"。一般地讲"快"不足以震撼人心，他们强调："要像'涡轮'一样飞起来"。这些观点凝结出的一句话："快鱼吃慢鱼的时代到了"，通栏报纸标题，横贯杂志封面，像神话一样被鼓吹着。

④要靠"超速成长的知识"。怎样才能超速、跳跃、飞起来

呢？要靠"超速成长的技能"，"超速发展的机制"，就会实现"实力上突破性发展"，就会达到年增长 160%——不知基数是资产还是销售额还是利润？

⑤要造就一批世界级企业。运用他们的知识和技能，通过"创新的速度"和"速度创造的价值"，就能够造就一批世界级企业，进入 500 强。并认定这是"当今的形势"与"时代的特征"。

（2）观念产生的根源。"快"，是理论者的观念，也是成千上万的创业者与企业者的行动。观念被接受并转化为行动，这其中蕴藏着深厚的社会文化与人性弱点的融合。

①中国人对"快"字情有独钟，喜欢到了痴迷的程度。美好的东西都同"快"联系着：好人：快人快语，乘龙快婿；好物：快刀、快马；好心情：愉快、爽快、快乐；好感受：快意、快感、快慰；好行为：眼明手快、快刀斩乱麻、大干快上、快马加鞭、多快好省。甚至"凉"遇的"快"就不凉了，"痛"碰上"快"都不痛了。

②不仅仅是这些创造思想的"人物们"作快的文章；做企业的人讲"时间是效益、速度是金钱"；写字做文章的人要"快手"；读书学外语的人要"速成"；制药卖药的人宣传"速效"；公路要"高速"，铁路要"提速"，咖啡要"速溶"，邮政要"快递"，吃饭要"快餐"，健康要"三快"。一个"快"字伴随人的成长，移植到思想中，渗透到骨髓里，形成了稳定的观念，表现在社会文化与物质生活的方方面面。

③追求利益是人的本性。这个本性一旦落实到创业上面，对利益的追求就直截了当地表现在对项目成功的追求。这个追求在运作项目的过程中会日益强烈。日益强烈的利益追求自然而然地使得理性逐渐淡化，不自觉地焕发人性的弱点并与之相呼应：过高估计自己的能力，过高估计自己得利的机会，相信项目的优势与必定的成功。所有这些都不知不觉地引发出"快"的意念，并转为与"快"的行动。

④文化的根源和人性的弱点，再加上权威的主张，共同完成了"快"的创业观念的铸造，影响着一代又一代的创业者，在"快"的催促下，在"快"的追求中，演义着一幕又一幕失败的活剧。

（3）我所感受的"快"。

①我也有过"快"的辉煌。1993 年，一个项目从立项到形成规模生产能力仅仅用了 3 个多月时间：项目考察、技术引进，厂房选用、设备安装、水电配置、自动化控制、商标设计、包装物加工、原材料采购、运输和储备、产品宣传，等等。3 个月呀！奇迹呀！几个万人大厂的老总都来看，惊叹不已。我站在罐区的最高处，做伟人状般的手里端着烟斗，看着忙碌的人群和进出的车辆，计算着滚滚而来的利润，领袖的感觉油然而生——我无所不能，我创造了高速的奇迹。

②"快"的结果是一片混乱。正当我沉浸在骄傲的亢奋中时，问题接踵而至：成型设备灌装机完全不适合没有黏性的液体产品；原料运输距离导致运力不够；成品属易燃物铁路拒绝发运；能把人吓个半死的、带根本性的、不可能在短时间解决的、事关项目命运的——产品质量问题无情地冒了出来：电话里一次又一次地传来几家大客户老总的狮吼雷鸣："客人都给吓跑了！"——是配方问题、原料问题、反应温度……不论是什么原因，装置要停下来，货要拉回来，而庞大的固定费用却要支付着，资金像漏水的缸，只出不进。质量问题还未弄出个眉目，隐藏的土地纠纷又浮出水面；同时发现配电室与反应釜的距离不够，不符合防火要求；工厂距城市太远，管理极不方便等，等。问题此起彼伏，按下葫芦起来瓢。结果，就在这忙乱与无奈中——放弃了。

③顶住"快"的诱惑不容易。5 年后，在又一个新产品的开发中，特别注意了新娘出嫁前的精心雕琢、刻意修饰，在产品功能与质量上下足了功夫。但"快"心未泯，顶不住追求速度的潜在冲动，试图在市场开拓上一炮打响。2 个月搞了 7 个办事

处，从白山黑水到南海之滨。全然没想到从近至远，集中优势，探索入市通道，取得局部经验——那岂不太慢了吗？结果呢？一年下来，7个办事处的销售收入小于销售成本：白扔了几十万元的货，还要搭上扔货的费用。整个的一塌糊涂、一败涂地，几近一蹶不振。

（4）我所见到的"快"。

①我一再感受到的，一再看到的，一再听到的，真真切切，实实在在的事实："快必死！"投资创业、产品制造、市场营销是万万快不得、急不得的。多少创业和成长中的企业，都是在追求速度中夭折的。

②在我与别人合作开发沙滩鞋的过程中，曾给一家叫"百信"的鞋业超市供货。有一天业务员去结款，发现超市大门紧闭，电话也没人接。后来听说店被砸了。好在我坚持小规模续货结款，不管他牌子多大，一旦损失，不过几千元而已。砸他们的是一些大的供货厂家。后来才知道"百信"总店在天津，3年时间在全国40个城市开了50多家连锁店。如此高的速度只能靠占用供货商的资金，也就是拖欠货款，资金链崩断是迟早的事。这样的快速扩张，管理怎么能跟得上去，一旦失控，资金的滴漏跑冒，质量与服务的下降都是必然要发生的。

③那些一度风光的企业：枯萎的三株、折翅的飞龙、趴下的巨人、醉倒的秦池、落山的太阳神、多病的爱多，还有从南到北被乙烯拖垮的大型企业，他们像綦江虹桥一样一夜坍塌。究其死因——心跳过快猝死的，头脑发热烧死的，流血过多惨死的，疲惫过度累死的，负担过重压死的，子孙满堂拖死的，神经紊乱疯死的，支撑不下安乐死的——都是在追求速度中死去。

（5）我对快的思考。在我连续开发5个项目的过程中，经历了一次又一次的失败，迫使我一次又一次的思考，艰苦的思考，刨根问底的思考，找不到自己信服的原因不能罢休的思考。为什么？我不是经济学家可以纸上谈兵，我不是大学教授可以玩智力游戏。我那是真金白银的损失，不是国家的投资，不是银行贷款，不是从股市圈来的钱，是我的职工养家糊口的工资，是老婆孩子的生计，是追随我的企业骨干的前途。在超越简单的因果对应的分析中，在对隐蔽的创业规律的追寻中，我发现了"快"是一切创业与企业失败的共同原因，"快"是对创业中的许多重要规律的违背。为什么就是不能"快"，一定不能"快"，有其深刻的"道"与共同的"理"。

①断裂发展过程。"治大邦若烹小鲜"，老子这句话是对管理国家的比喻。要把小虾小鱼烹煮得好，不能用急火暴火，只能用温火文火，这样才能熟而不烂鲜而不生。这就是治理国家的适度渐进的原则。同样的道理：企业的成长同人一样，从孕育、出生、发育、成长，有其自身自然的、历史的过程。拔苗助长会导致死亡，过程跳跃会导致脆弱生命的夭折，阶段的短缺会埋下未来的隐患。我们只能是朝着目标努力的、积极的、抓紧的、一件一件的去做。任何急切焦躁都于事无补。把创业说成是养孩子，看似简单、不新潮、不现代、不时髦、不学问，可它却是事物的本来、内在、真实，这样认识问题却是抓住了观念的纲。

②打乱系统平衡。企业全部活动的结果是销售收入。这个结果是由系统中若干个单元，在相互联系、相互制约的平衡运动中产生的。"快"与"慢"只能是整个系统协调运动的结果，任何其中一部分的加快，不仅不能导致其他部分的自然跟进，相反会造成系统的混乱。比如管理制度是驾驭系统平衡运动的操作软件。一套合理实用的管理制度，它绝不是一朝一夕能够产生的。王永庆有名言，叫点点滴滴追求合理化，再清楚不过地说明了管理制度的合理化是一个长期的事情。如果你套用一套制度，或组织个班子花几天搞出一套制度，而不是从你企业的实际出发慢慢形成，那么，系统的混乱比你想象得还要快。

③破坏生存基础。成功创业的愿望一旦遇到诱人的项目就会燃烧起来，想象中的市场期望值萦绕脑际，一次次地徘徊撞击，一个"快"的愿望就会产生。项目本身的可行与否存而不论，问题是，任何新的项目和新的领域都会有风险。风险通常来自两

个方面——市场的不确定性和新的运作所必需的能力。前者会在前进中逐渐变得清晰，后者也会在摸索中逐渐获得。只有当冰山浮出水面，又有了可以把握的底数，方可最后下决心。这时胆子大一点，步子快一点是可以的。而在达到这一点的过程中，只能像老鼠出洞一样充满机警，像小脚女人一样小步渐进，像高明的战略家一样，首先考虑不要被敌人打败吃掉。问题出在新的目标与原有业务的关系上。在实施新目标的过程中，管理者对原有业务的注意力可能会减弱；一定会从"母体"身上抽血；适应原有业务的管理制度与新项目很可能不兼容；新项目盈利时间与原有业务供血能力也会有时间差。不论上面哪种情况出现，都会破坏企业的基础——以为生计的核心业务。一旦老鸡不再下蛋，新鸡又不会生蛋，企业就该完蛋了。

④失去掌控主动权。以营销计划为例，一个有规模的市场营销计划在实施中会碰到许多不曾预料的事，甚至全盘推翻原来计划的事也是常有的。如果在执行中走的过快，就会与系统不协调，直接碰撞的是财务预算和现金流量；生产系统对新市场特点的适应；现有工艺技术对市场细分的要求；现有销售队伍对新市场的适应；销售管理对新的销售规模与模式的跟进。所有这些，将直接牵动资金、生产、技术、管理之间的平衡与稳定，对销售管理一旦发生混乱与失控、预料不到的问题，在应对和处理上没有回旋的余地，失去协调的机会陷入忙乱中，最终丧失掌握系统的主动权。

（6）对"快"的结论。快与生存、稳定、平衡、发展的关系，先人们早有认识。

①"人有快则法度坏"。这是荀子的话。与老子的"不知常，妄作，凶。"都是讲肆意的快，会破坏秩序招致恶果。反之，"其安也易持"，是说安稳的事物才能存在和保持。两人从正反两个方面说了一个道理：肆意的快只会欲速则不达；只有稳定的东西才能存在、才能持久。

②"合抱之木，生于毫末，九层之台，起于垒土，千里之

行，始于足下。"这段话为人们熟知。接下来的两句，则是对违背这一道理的结果，下了不容分说的结论："为者败之，执者失之。"违反了这些道理的必然失败，执迷不悟的必定失足。

③"战略上，漫长迂回的道路往往是达到目的的最短之路"。这是英国著名战略家利德尔·哈特说过一句话。历史和现实中有许多快与慢的事例。例如，抗日战争开始时，许多人希望速胜，结果打了8年持久战。

④"快是对创业内在规律的违背"。《民富论》揭示了创业的规律，表现为一系列重要的观念，如生物观念、育根观念、实验观念、运转观念等，都是与"快"对立的观念。特别是程序观念：创业要按程序办是不能违背的规律，它产生于创业投资中的魂与根的基本理论，设定为选择项目、寻根育根、模拟与运转四大阶段。对程序的无意识、缺省或颠倒，最普遍的表现是"快"：追求"超越"和"飞速"，于是，"超越"了规律，"飞速"地死掉了。

⑤"违背创业中两个基本过程的统一"。这也是融会在《民富论》中的思想。任何项目本身都是一个由成长、发育到成熟的自然过程，同时，创业者对项目有一个认识、理解和把握的历史过程。开发与运作项目是这两个过程的统一。这就决定了创业为什么不能快，尤其是对新企业更是这样。这好比面对一只刚刚出壳的小鸡说："你必须马上下蛋，否则就死掉"，对小鸡而言，下蛋是不可能的，只有死掉。

⑥许多的所谓飞速并不真实。在经济生活中听到了太多的"快"都是自欺欺人的。但只要身在其中或深入进去，会发现所谓"快"的背后是形形色色、千奇百怪、真真假假、似是而非。就是说，有真快与假快、有实快与虚快、有稳快与燥快、有长快与短快，真正能够以较快速度持续发展的企业很少。往往是伴随基础理论的突破转化为可以应用的技术，再加上一定的实力储备和得力的运作，长时间对核心技术的占有而获取垄断利润。这是几种因素在一个时空点的集合，才得以创造持续的高速度，不具

有普遍意义，不能克隆、复制、盗版、移植，不能抽象出一种理论，概括成一种模式，演绎为一种方法来指导企业实践，让所有企业都"飞速"。这就是为什么世界 500 强企业，从 1995～2000 年的平均增长速度是 28％ 的原因。

四、创业对象、主体与程序的混淆

创业作为一个学科，研究的对象是什么？这在"一个中心两个基本点"的开头时已经说清楚了，这里做简单复述。

创业是"创造一个新企业"。正在创造中的这个"新企业"，理所当然是创业学的研究对象。创造一个新企业是个过程，必然有它的起点和终点，在这二者之间是研究对象的范围。创业的起点是行动，行动由目标决定，目标是项目。确定项目要有一个选择的过程，选择项目是创业行动即创业过程的起点。创业的终点是项目成活，即项目经过比较长期的运作过程，达到的成活即运转，这是新企业的诞生，也是创业目的的实现，创业过程的完成。

创业学研究的对象是：从选择项目开始到实现运转为止的"新企业的创造过程"。

（一）《创业学》中研究的是企业

在许多编、章、节和段落的开头，经常见到这样的话：

（1）"一个高速成长的企业"，"一个快速发展的企业"，"一家成功的公司"，"一个销售额超过 500 万元的公司"……

用这样的话开始，准备引出、需要引出、必定引出、事实上引出的内容是什么呢？

（2）"当员工从 24 名变为 100～249 名时……年人均销售额 5 万～10 万美元"（见第 29 页）；

（3）"对于形成公司收入的重要客户……你必须接触并记录他们的反映，描述你的主要客户购买你的产品的原因，估计你的产品更新换代的周期，发现该产品的替代品，测试潜在品开发的时间和资金"（见第 89 页）；

（4）"发现和改善改造已形成的价值链，创造新的价值"（见第 89～96 页）；

（5）"一家成功的公司所销售的市场……"（见第 117 页）；

（6）"指出你的企业是否存在合适的购买者"（见第 108 页）；

（7）"估计你的企业是否存在某些致命的缺陷……失去成长机会，公司清算或破产，给你的股东带来的成本"（见第 121 页）；

（8）"作为一家快速成长的公司……去年的销售额 500 万美元"（见第 283 页）；

（9）"在快速成长、停滞和成熟阶段我们应当怎样考虑……"（见第 285 页）；

（10）"如果我们的成长加快或放慢……我们的资产回报，股东权益将发生怎样的变化"（见第 285 页）；

（11）"为改造企业固定资产和厂房而进行的融资"（见第 253 页）。

……

1. 一个共同的逻辑前提。所有这些内容的共同前提、言说的共同基础、话语的共同出发点、思维形式的共同对象，是什么呢？是企业。是已经存在的企业，正在发展中的企业，运作多年的企业，非常成熟的企业。难道不是吗？如若不然，怎么有数百名员工？怎么有数百万美元的销售额？怎么能形成稳定的客户？怎么需要考虑寻找新的潜在的客户？怎么需要开始寻找新的替代产品？怎么开始准备改造已经形成的价值链？怎么开始准备改造厂房？怎么准备如何将企业出售？

如果没有一个存在的、发展的、运作若干年而比较成熟的企业，这一切之一切都是不可能的，都是无的放矢的。

2. 一个清清楚楚的结论。结论是：《创业学》的研究对象不是"创造中的企业"，也不是"新企业的创造过程"，而是"企业"，通常意义上的"企业"，存在的、发展的、运作若干年而比较成熟的"企业"。这样的研究对象与"企业融资学"和"企业管理学"这两个基本点是一致的。

《创业学》也经常提到"创业"这两个字，可是在创业的名义下，只要一涉及具体内容——不论是哪个角度，哪个方面，事实说的又都是"企业"而不是"创业"。

这说明：《创业学》的研究对象，在作者那里是不清楚的，在作者那里，创造中的企业和运转中的企业是分不开的。

一开口就是谈"企业"，说明什么？

是忘记了这个学科的主题吗？是忘记了这本书的名字吗？是忽略了创业的研究对象应该是、必须是、只能是"创造中的企业"吗？——都不是。混淆研究对象是表象，真正的原因是作者对这个"对象"并不知道、并不清楚、没有感受、无从想象，因而也就无从言说。

（二）创业主体的混淆

1. 所谓创业"主体"是什么？《创业学》中的逻辑主语是谁？这本书是给谁看的？是什么人将用它来指导实践的？

（1）既然是在说创业，"创造新企业"的主体"谁"？"创造新企业"这个活是"谁"在干？"创造新企业"这个事是"谁"在做？

（2）既然是在说创业，"谁"是创业这个"活"的操持者？"谁"是这个"事"的发动者？"谁"是这个"业"的推动者？

（3）既然是在说创业，"谁"是创业这个"活"与"事"的决策者、组织者、领导者？

（4）既然是在说创业，"谁"是创业这个"活"与"事"成功的受益者，失败的承担者？过程的完成者？抉择与行为的最终责任者？

这个"谁"——就是创业的主体，是正在创造新企业的

127

"者"。这难道会有不同说法吗？

2.《创业学》中的创业主体是谁。而这样一个简单的问题在蒂蒙斯教授那里是不清楚的，他始终没有意识到有这样一个问题的存在，这就像他始终没有意识到他的《创业学》并没有涉及创业一样。

让我们来看看《创业学》是如何把创业主体混淆的：

（1）"本章将介绍那些风险投资家，'天使'和其他私人股权投资者……使不成型的思路变成了引人入胜的企业，如同毛毛虫蜕变成了美丽的蝴蝶"（见第48页）；

（2）"多数老练的私人股权投资者和风险资本家在选择投资项目时……"（见第80页）；

（3）"成立一家新企业……必须在投资者需求的背景下加以考虑"（见第107页）；

（4）"创业可能出现在新公司和老公司、小公司和大公司、高速发展的和缓慢成长的公司中"（见第23页）；

（5）"成立一家新企业——必须在投资者需求的背景下加以考虑"（见第107页）；

（6）"银行……证券……职业经理人……"（见第31、34页）。

……

究竟是谁在创业？是"风险投资家"，是"天使"，是"私人股权投资者"，是"银行家"，是"证券管理者"，是"企业经理人"，是一切有"投资需求"的"者"，是一切参与管理的"人"，所以这些"人"与"者"，事实上都是《创业学》中的"创业者"。

3. 创业主体扩大化的结果。这是个毋庸置疑的问题。蒂蒙斯教授把这个简单问题复杂化了，把本来的创业主体扩大化了，使得创业主体和创业行为变得模糊了。

（1）导致了不是创业者在创业，而是只要是与货币有关的，经营货币业务的银行家、货币所有者、证券交易者都是创业者。

（2）导致只要是与企业活动有关的人都是创业者。不是无业的人或放弃原有职业的人在创业，而是已经有业的人在创业，不论你现在从事什么"业"，只要是在从事着、进行着的"人"——都是创业者。

（3）导致创业与现有的"业"相混淆。是现有的企业也是在创业。这样，"创业"与社会上现存的一切"业"是没有区别的，只是给这些事情一个新的说法、新的概念而已。

4.《创业学》不是在研究创业。创业主体的混淆与泛化，自然地回到了本书的主题：《创业学》不是在研究创业，而是研究与货币有关系的一切活动和一切行为。在商品经济条件下，就成了研究整个社会经济现象与经济行为。

《创业学》就成了事实上的以创业为名义的《社会经济学》；就可以像现在这样包罗万象，集经济乃至社会学科之大成；就可以理所当然地整合任何现有的学科；就可以写成几倍容量于其他学科的教材；就可以编成 90 多万字的经济与管理学的"百科全书"——唯独不包含创业，至少是不包含"创业"应该具有、应该包含的主要内容。

（三）创业程序的空缺

《创业学》中以"创业过程"和"创业阶段"为标题，设置了几个整章的篇幅。说明蒂蒙斯教授意识到创业中有程序问题。但是，仅仅是标题而已，并没有与标题相关的任何内容。也就说"创业过程"中没有创业，"创业阶段"中也没有创业。《创业学》中的"创业程序"是空白。

1. 蒂蒙斯教授是怎样阐述"创业过程"的。在标题为"创业过程"的第二章中，蒂蒙斯教授这样解释创业过程：

（1）创业过程是"投资人"。"商机的创造是这个过程的核心"，而"商机的决定意义在于吸引投资人"。这样，创业过程是什么呢？是投资人。

（2）创业过程是"驱动力"。"驱动力主导了高度动态的创业过程"，这样，创业过程是什么呢？是驱动力。

（3）创业过程是"三要素"。"驱动力是什么呢？是商机、团队和资源"，这样，创业过程是什么呢？是三个要素。

"创业过程"是"投资人"，是"驱动力"，是"创业要素"。于是："人、驱动力、三个要素"成了创业的过程。

在第二编的序言和第7～8章中，蒂蒙斯教授这样解释创业程序：

（1）程序是"一旦"。在讲了融资之后的第二编，开宗明义的第一句话："一旦达到了销售额100万美元……"，从此开始的全部编章都是讲企业：发展中的、有相当规模的、发育成熟的、正常运转的企业。怕人们对"一旦"后面是讲企业而不是创业不明白，在第二编的序言中又强调："当企业发展了，不再由创业者个人主导，不再为生存所迫时……"。

那么，程序是什么呢？是"商机"与"企业"之间的"一旦"。

（2）程序是"然后"。在第七章的一开头，"创业带头人发现并抓住商机，然后发展出具有高度发展潜力的企业"。

那么，程序是什么呢？是"抓住商机"与"高度发展潜力的企业"之间的"然后"。

（3）程序是"过了"。在第8章开头，"当一个企业加速发展，过了靠创业人驱动的生存期，"创业程序就这样一下子就"过了"。接下来讲经理人"是企业长期持续增长的关键"；"如何进行所谓的高成长的管理"。

那么，程序是什么呢？是"生存期"与"企业加速发展"之间的"过了"。

（4）程序是"转入"。在以"成长阶段"为标题的这一章中，用了一个名字叫"企业高成长阶段"的图。在"初创"的后面就是"高成长"。文字说明讲到初始阶段要"转型"到、"进入"到公司的高成长阶段，接着开始了"高成长管理"的长篇大论。这就是说，一旦"初创"了企业，然后就"转入"高成长（见第49、178页）。

那么，程序是什么呢？是"初创"与"高成长"之间的"转入"。

2.《创业学》中事实上并没有创业过程。创业程序、创业过程就这样被"一旦"而"过了"，"然后"而"转入"高成长了。这样解释创业过程，还有什么值得说道的吗？这样定义创业过程，还有什么需要评论的吗？

《创业学》是没有创业过程的。从"商机"一步跳到"100万"的企业，哪里还有创业的空间和地盘，离开时间与空间，哪里还有创业这个事物存在的条件？

事实上，从"商机"到"100万"的这一步，仅仅这一步，跳过的正是创业的全过程。

下面我们论述一下什么是创业程序。

（1）什么是创业过程。什么是过程？过程指事物的变化。什么在变化？是事物的形态状况在变化。怎么体现？通过事物在时间的持续和空间的延伸来体现。如何表述？形态与状况的变化必定有可以描述的特征，对特征的表述就是讲过程。可见，事物在时空延伸中的变化所呈现的形态与状况的差别就是过程。

什么是创业过程？过程是客观的，是说创业这个事物在时间的持续和空间的延伸中的变化。比如在它整个过程中怎样开始，达到什么目标；在开始与目标间经过哪些阶段，阶段的特征是什么？

什么是创业程序？程序是主观的，是创业自身规律决定的，按时间先后依次安排的工作步骤。是为了告诉人们，在创业的实际进程中要先做什么后做什么，不同阶段面临的任务和需要解决的问题是什么，这一阶段对下一个阶段所具有的基础和决定性的意义是什么。

这才是创业过程和程序要说、应该说、必须说的话。

（2）创业中的程序。创业是个过程，过程中包含阶段，对

131

阶段的人工排列是程序。不仅有大程序还有小程序。

大程序是大的阶段，是在实际进程中顺序发生的，是以目标、地位与内容的差别区分的。它以项目选择为起点，以获得生存权利为终点，由六大阶段构成：起步——选项——育根——模拟——运转——过渡。

这六大阶段，首先是"一个都不能少"。没有哪一个可以缺省，因为其中任何一个阶段都是下一个阶段的决定基础和必须条件。其次"次序不能颠倒"。阶段之间没有哪两个可以先后错位，因为它是项目发展的自然过程，是具有生物属性的生成过程，是先后承接、承上启下、上下咬合、环环相扣的链条。

小程序是分阶段地讲清楚每个阶段的地位与目标、观念与规则、歧路与陷阱、步骤与方法。只有这样，才能够让人们知道创业这个"活"怎么干。这样，每个阶段便由四部分内容构成：

第一，目标与地位——讲清这个阶段在创业全过程中所处的地位和要达到的目标。要解决的问题是什么？对下个阶段的作用是什么？

第二，路口与陷阱——从第一步开始的每一步都面临多种选择，三叉或多岔路口。要告诉你哪条路是死路，哪条路可以走通。指出按习惯走法通常发生的错误，按传统观念必定掉进的陷阱。

第三，观念与规则——在描述不同道路状况，阐明与这个阶段相关的规律中，概括出创业者在这个阶段必须具有的观念，必须遵循的规则。

第四，步骤与方法——这是每一个阶段的重点。指出在这条正确道路上要遵循的具体步骤，这是程序中的程序。在每个步骤上解决常见问题的方法。

通过提出问题，启发思考，讨论辨析，构建创业的知识体系，从而深切理解：体现规律的程序是不能违背的，任何无视程序的行为，任何对程序的跳跃甚至颠倒都是野蛮的创业行为，遭受失败是注定的。

《创业学》：一个中心两个基本点

（3）"选项"中的程序。这里，以大程序的第一个阶段——选择项目为例，介绍"选项"中的程序。首先要知道选择项目的顺序规则，然后对项目进行分解，再实施对要件的检验，最后进行综合，完成对项目的理解和把握。

①选择。从创业是人与项目融合的观念出发，按这样四个顺序来选择项目。

1）排除一大片，知道什么事情是不可以做的。知道的越多，排除的面积就越大，注意力就会越集中。排除的对象应该是由大到小。首先是行业，有的行业本身是注定没发展、没前途的，一旦进入，不论你怎样努力也是徒劳的。比如对资源产生影响的化学工业：染料、农药、造纸等，都是要慎重涉足的地方。再比如依附，把自己生存的自主权利交给别人，一旦皮之不存，毛将焉附？诸如此类，对选择投资项目而言，都是首先要回避的。

2）划出一个圈，知道哪些事情是能长期做的。创业是一项最需要全身心投入的事业，成就事业的公认法则是集中和持续。让生命之火在一点上持续地燃烧，不发光才是奇怪的事。为了能长期做，要把社会恒久需要的、已初露端倪的大趋势划进来，圈子里的事才具有发展的空间与时间。空间意味着有发展的广阔天地，时间意味着可以长期地做下去。以趋势为例，任何一种趋势都是一个长长的链条，环环相扣，只要能够抓住其中的一个环节，项目的前景便大体确定了

3）列出一个序，把可能做的事情排列起来。回头看看过去的 20 年中，做强、做长的企业是生存在哪些行业，很大程度上能够证实行业与发展的联系。比如房地产、医药、保健、证券、建材、装修、交通、教育、通信等。那么，就把大的范围圈定在这里，选出若干项。

4）切入一个点，把眼睛转向自己。在已经缩小的范围内可做的事仍然很多。这时，比较优势的道理是有用的：认真地审视自己的强项、优势、兴趣何在，可能同时有几个，与他人比较哪个优势是最有利的。这时，机会成本的概念也是有用的：同样多

133

的时间，同样的付出，哪个能力所对应的项目会有更大的前景收益，比较中优势会凸显出来。

②解剖。项目一经确定，接下来立即着手进行实施是危险的。因为对项目的考察再充分也是务虚，对它的内容尚未深入了解，对相关的东西并不真正清楚，关键还没有找到，更谈不上把握。

1）确定项目后要对项目进行解剖。不论是什么项目，在你能够运转它之前，对创业者仅仅是一个或一组信息，一个蕴含多种信息的一组码元。你要将它解码复原，办法就是把它分解开来。任何项目从整体上看是混沌的，只有分解后才可能一个一个地摆到桌面弄个明白，拿到亮处看个清楚，才能使你的目光集中，渗透其中达到详尽理解。

2）解剖是理解项目要素的途径。项目有的来自产权交易市场，有的来自技术市场，有的来自公司和个人，也有的来自兼并等途径。凡是在这类场合，创业者与项目所有者的信息都是不对称的。这时，要透彻地了解项目，解剖是突破口，办法是剥开皮后抓关键。先是要剥皮。项目的皮有时像雾，五颜六色，先要把它驱散。什么是皮？举个例子说明一下。

"电动扳手"

6年前，我的一位同学找上门来与我谈一个项目，项目的名字叫"电动扳手"，是给汽车换轮胎用的，先进性在于省时省力。他介绍了拥有该项目的公司如何正规，发明人有多少头衔，拿出一摞文件，有专利证书、营业执照、技术鉴定，等等，还有关于成本和销售价格以及市场前景的分析。我说，姑且认定这些都是真的，可这一大堆"真"又能说明什么呢？关键是现在司机使用什么换轮胎，是手摇和脚踏扳手。省下那10分钟，司机是否在意？用汽车电瓶里的电，司机是否愿意？比脚踏扳手多花200元钱，司机是否乐意？这才是项目

《创业学》：一个中心两个基本点

的关键。最后我告诉他，我也只是提出问题，谁来回答呢？是司机。把样品拿来交给司机们用，他们说行，就行。在这个事中，什么正规、头衔、证书、盈利、前景等，难道不都是"皮"吗？

③验证。对解剖后的项目要件要逐一地实施检验，目的是证明其可行与否。这里指出验证的必要性和实施验证的要点。

1）作用之一是知道该不该做。在规模投资之前，我们是否能完成对项目主要内容的检验，关系到投资的成败。通过分别的验证，如果认为是可行的，也就大体知道了如何去做，用什么样的方式，用多大的规模做，等等；如果认为是不可行的，当然就要放弃，避免了投资失误的重大损失。

2）作用之二是校正迷恋心理。迷恋心理有时表现在对一个项目的一见钟情，一经发现便拍案叫绝。有时表现在被巨大的利润驱使，潜移默化地滋生着连自己都觉察不到的迷恋情节。它一旦产生，对一切有利于项目成功的因素像海绵吸水那样乐于接受；对不利于项目的信息无意识地加以排斥。

3）作用之三是校正慌乱心理。在投资进行中，由于对项目缺乏理解，对相关问题不甚了解，一旦没能达到既定目标便紧张慌乱，对先期的投入未能产生效应痛心疾首。这时，思维活动就框在尽快挽回损失的圈子里，一切行为就被这个定了格的思想所驱使，陷入剪不断——不忍放弃，理还乱——越弄越糟的境地。

4）验证要寻找切入端口。认识一个项目的端口是从拆分开始的。对于制造项目两点是重要的，一是技术；二是市场。技术包括：先进程度、核心所在、相关技术、相关工艺、所需设备、特殊工具、环保要求、具体标准、包装储运等。并不是每项技术都存在上述问题，一旦涉及技术则务必搞懂弄透，否则后患无穷。对市场来说要先走测试之路，甚至在许多时候，对市场的测试要先于技术。市场测试的内容包括市场目标、入市渠道、价格定位、市场容量、销售方式。在技术和市场这两个问题中，只要有一个不能在验证中得到透彻的理解和较充分的把握，任何投入都是死路一条。

④综合。是把经过考证的项目单元，模拟地整合成一体的工作。在这个阶段中，要把握综合的前提条件，注意平衡的支点，懂得综合的策略。

1）综合的前提是"行得通"。技术上行得通，那就应该是拿出合乎目标的产品来；经济上行得通，就要从市场销售价格倒推到综合成本，来看有无利润生长的空间；标准上行得通，就要以最终用户的接受来论定，而不仅仅照搬标准，什么部颁标准、行业标准——没人买单，宇宙标准也没用；模式上行得通，就要使你创造的套路能够环环相扣，实现目的与方法的和谐。

2）综合的着力点是"平衡"。首先是全部资源的平衡。平衡是一种量的关系。任何要素资源的短缺，从大的方面看都影响系统的联动，从小的方面看，一个部分的短缺则是整体资源的浪费；一个部分的多余则是对这种资源本身的浪费。其次还有市场开拓能力与产品制造能力的平衡，生产数量与整体生产条件的平衡，生产周期与各类储备的平衡等，管理能力与生产经营规模的平衡，资金准备与设定的开发规模与开发阶段的平衡。真正做起来，要实现的平衡远远不止这些。这里着重强调的是：为了完成对单元的综合，要把注意力放到平衡上。

3）平衡的前提是"市场"。这个市场不是你产品的市场容量，不是你的市场潜力，这一点千万不可忽略。是什么呢？是目前一个时期你事实上能够占有的市场份额，你所具有的开拓市场的能力，或者说，在一个时期内事实上具有的资金能力、渗透能力、销售的管理能力与现金控制水平等。用一句话概括就是：一年内你能够卖出去多少。把一年内你能够实现的销售额除300天，这就是你进行整个平衡的出发点。即便是在成功地实现运转之后，新的平衡也同样靠你开拓市场的能力来做前提。

4）综合的战略是"小"。不要小看了这个"小"，恰恰是这个"小"关系到创业的成败。从功能健全的角度、系统协调的角度、实验业务模式的角度、适应环境的角度、抗御风险的角度来看，"小"，都是必要的。小到什么程度？只要有支撑系统的骨架、有健全的五脏六腑，基本功能能够发挥、系统能够运转，能小则小。比方说，市场开拓能力是 100，功能设定可以是 100/2。假如预计年内的销售是 100，生产能力则可按 50 来设计。如果达到了 100，加上一个班，再扩大则再加一个班，再扩大，也无非是系统所需资源的放大，在买方市场与劳动力充裕的条件下，这些是很容易的。只要有核心技术与竞争能力在手，只要有对系统和模式的控制，放大主要是资金的问题；而这个问题的前提已经在销售龙头的拉动下解决了，放大又只是个操作的问题。

（4）确立程序的观念根据。创业的首要问题是选择项目。选择项目虽然是创业的开始阶段，但是这个开始如何开始，是由创业全过程中固有的规律所决定着的。创业规律在选择项目上，首先表现为若干个重要的观念，观念又需要体现为程序并通过程序来落实。这就是程序存在的客观性。比如：

①"项目的产生、发育、成熟是一个自然的过程"。对项目的这个本质认识，决定了选择项目的"立足长远的观念"。观念决定着选择项目的标准之一——"是能够长期做下去的事情"。

②"创业者对项目本身的认识是一个历史的过程"。对创业对象与主体关系的本质认识，决定了选择项目的"目标观念"。即项目的选择是人生的目标，是目标统领人的行为，规范行为的路径，发动人的潜能。观念决定了选择项目要舍得花时间、花气力，要把自己的积累、资源等方面的优势与社会的长远需要结合起来。

③"人与项目的融合是长期的"。这是由以上两个本质认识产生出来的又一个观念。这个观念告诉你，即便你的选择符合人们公认的原则：发现潜在需求、找到市场缝隙、有附加值、有特色等，也是万里长征走完了第一步，今后的每一步都是人与项目的融合，这个融合是创业者与项目的生死相伴，永远不会完结。观念决定了"选择"是互相的。创业者的能量积蓄与经验积累，

137

决定着对项目的适应与把握的能力，这事实上是项目对人的选择，这个选择是通过创业者对自己的认识来完成的。所以，"选择项目同时也是选择自己"。

④"项目成活的决定因素是创业者本人"。即创业者的本领、能力、能量，我把它概括为创业的资格，系统的理论表述是"灵魂资本"。这个理论决定了"项目本身对创业成败不具有决定作用"的观念。由此产生了要把选择项目的过程划分为几个阶段，目的是通过程序的设立，让创业者深入到项目之中，完成对项目的理解，在理解中增长把握项目的本领，增加成功的自我因素。

⑤"项目本身存在着是否具有内在基质的区别"。"基质"是基因与品质的合成，理论表述是"资本之根"。对项目存在根的认识，决定了在项目选择中的"寻根观念"。就是在选择项目中，首先要看它有没有根，要发现它、抓住它，这才是选择项目的核心与目标。为了完成这个目标，根的观念决定了选择项目的程序设计，尤其是要有解剖的环节。

⑥"打造灵魂资本的唯一途径是实践"。对灵魂资本来源的认识，决定了创业中的"实践观念"。这个观念告诉人们：任何主观的判断都不能代替实践，由此决定了项目选择的程序中必须有"验证"的阶段，即对项目的主要构成因素，特别是关键的部分，一定要经过一个实践检验的过程。

总之，规律表现为观念，观念通过程序落实，归根结底，程序的设计是由反映创业的内在真实的规律决定的。

五、驱动力和三要素怎么会是模型

所谓"蒂蒙斯模型"不是任何意义上的"模型"，有两个理由：

（1）驱动力不可能是过程的模型。

（2）把三个要素用线连起来不能说明创业中的任何问题，因此不称其为经济学意义的模型。

（一）"驱动力"不可能是"过程"的模型

《创业学》中反复强调的，许多地方论述的，用名为"蒂蒙斯模型"来表示的是："创业过程的核心是驱动力"。"驱动力"怎么会是"过程"呢？

比如，让我们最简单地介绍"神六"飞天的"过程"，应该是描述它从火箭起飞到飞船着陆的阶段与状态：

（1）火箭起飞；（2）转弯；（3）抛逃逸塔；（4）助推器分离；（5）一二级分离，抛弃整流罩；（6）船箭分离，飞船入轨；（7）展开太阳电池阵；（8）载入轨道飞行；（9）返回前第一次调姿；（10）轨道舱和返回舱分离；（11）返回舱第二次调姿；（12）返回舱与推进舱分离；（13）返回舱进入大气层；（14）拉出减速伞；（15）主伞工作；（16）缓冲发动机点火，飞船软着陆。

——这是神舟六号载人飞船发射圆满成功的简单"过程"。

如果我们这样介绍"神六"飞天的过程行吗？

"神六"飞天的"过程"是飞天的"驱动力"。用什么来驱动的呢？是一种燃料。燃料有固体的、气体的和液体的。用做火箭的燃料，它的形态不应该是气体，也不可能是固体，而只能是液体。这种液体燃料是什么呢？是液态的氢。这种燃料是能够产生动力和热量的可燃物质，它是由碳氢化合物组成的，液态氢的分子结构是有两个氧……它的燃烧是一种氧化反应。

所以，"神六"飞天的"过程"是创造速度的"驱动力"，这种驱动力叫液体氢。所以，液体氢是"神六"飞天的过程，液体氢是"神六"飞天的过程的核心，液体氢是"神六"飞天的过程的模型，这个模型的结构是液体氢的分子结构，是"简洁优美的"、"动态的"、"丰富内涵的"、伟大的"蒂蒙斯模型"。

——这是神州六号载人飞船发射圆满成功的完整的过程。过程是从点火之后，紧接着就是"锣鼓喧天，红旗招展，人山人海……欢迎宇航员的场面是相当的壮观"。

（二）要素的连接也不成其为模型

上面的问题是把"动力"当成了"过程"，使得论述"过程"的整整一章是在说"动力"。

在这里，我要指出另一个错误：在蒂蒙斯教授的《创业学》中占有突出地位的，在书中被反复引用的，被中国大学的学者们吹得神乎其神的所谓"创业模型"，全称是"创业过程的蒂蒙斯模型"。这是一个无论如何也不能称其为模型的"模型"。

《创业学》中对"创业模型"的描述有：

（1）这个模型很简单：是把"团队"、"商机"、"资源"三个词分别放到圆圈里，然后用线条连接起来，就叫模型。在本书的各个章节、各个案例中，都详细阐述了这个"创业过程的模型"。

（2）"这个模型以其简洁优美的形式和动态的丰富内涵阐述了你所要知道的有关创业过程，以帮助你抓住成功的机会"（见第 37 页）；

（3）这个模型"显示了详细的理论框架和一套明晰的标准"（见第 137 页）；

（4）"蒂蒙斯模型描述的创业过程中，是商机的形式、大小、深度决定了资源与团队所需要的形式、大小、深度"（见第249页）。

把事物的构成要素指定为过程是令人吃惊的，把事物的构成要素说成是"模型"是前无古人的。仅仅是创业所需要的诸多要素中的三个，用线连接就成了"模型"？

（三）所谓"蒂蒙斯模型"

1. 什么是经济学模型。"模拟原型的形式"我们才称其为模型。就是说，所要模拟的对象是个系统，是一个有着内部结构的系统，是一个运动着的系统。对这个有着内部结构和运动着的系统，借助一个抽象的、简单的、类比的方式，来表示它的结构形态和运动状态，这种类比的形式叫模型。

那什么是经济学模型？

从一般意义上讲，经济学模型是指借助符号、图形、公式，对经济现象进行模拟的形式。既然是模拟的形式，自然是能够描述出经济现象的主要特征和变化规律。比如，借助一个图式，表现经济现象之间的相互影响与相互制约的关系。最方便使用的经济学模型，是一种定量的抽象和数量关系的概括，特别是使用图形模型，则必须是利用抽象概念反映事物变化规律。如需求曲线，它描绘的是一种物品的价格，对消费者想购买的物品数量的影响。内含着三个变量的关系，即价格、收入、购买物品数量之间的关系，其中一个不变，就看到了其他两个变量之间的关系，带有必然性的关系。这种相互影响的关系，是经济现象的变化规律。

2. 不具有模型的条件。"蒂蒙斯模型"仅仅是把"团队"、"商机"、"资源"三个词用线条连接起来，这能说明什么呢？三个词是创业中的三个独立的要素，把它们用线连起来，是能说明它们之间相互制约的关系呢？还是能说明它们之间相互影响的关系呢？还是能说明它们之间有着什么数量之间的关系呢？还是能反映创业中的什么规律呢？都不能。

图形本身不能表示，也没有任何文字的说明。在图形的前后，分别说明了三个要素本身是什么，有什么作用，完全脱离图形的内容。

"蒂蒙斯模型"不具有模型的任何条件、不反映创业的任何规律，是不能称其为模型的"模型"。

（1）"三要素"不是创业的决定因素。抛开"蒂蒙斯模型"中的三要素不具有内在的联系与数量关系这点不论，下面我们分析三要素对创业开始、起步而言是不是首要的、主要的、必要的条件或因素。

"团队"、"商机"、"资源"是创业整个过程中需要的条件，但仅仅是整个创业过程中所需要的诸多条件中的一部分。对创业开始而言，既不主要也不必要，更不具有决定作用。

①关于"商机"（项目）的作用。我们在前面已经论述过，机会是机遇、时遇、际遇，是以偶然性为特征，可遇不可求的，是在干中才可能发现的。如果凭商机创业，那创业就不是人的主观意志行为，甚至不是一种理性行为，这将使得创业在一开始就成为不可能。

商机事实上是指项目的选择。项目的选择是创业总过程的第一步，非常重要，但对创业的成败不具有决定意义。因为做什么项目都可能死，都可能活，死与活主要不在于你做什么，而在于你怎么做，起决定作用的是创业的本事、能力与资格，是创业中的真正资本——灵魂资本。

②关于"资源"（资金）的作用。

1）从道理上说，创业需要资金，但是以资金为主要形式的资本要素，不论是软还是硬，都不具有创造与增加财富的资本性质，对灵魂资本而言都是要素资本。因此，资金从根本上对创业成败不具有决定意义。

2）从事实上说，古今中外，几乎没什么例外的事实是：创

《创业学》：一个中心两个基本点

业失败的企业都不是缺少资金，而创业成功的企业又都是白手起家。《美利坚合众国演义》中讲了 100 家美国企业的发家史，追溯他们的祖宗个个都是白手起家。我自己在 10 年中开发了 5 个项目，死掉的都不是缺少资金，活下来的也都不是资金充裕。相反，创业的开始有一笔巨额资金启动，几乎无一例外地演化成一场以创业为名义的闹剧。

3）从可能性上说，不现实。创业之始，指望靠选定的一个项目写成计划书，通过讲故事获得风险投资或天使资金是不现实的。根据美国人自己提供的资料：通过计划书实现融资的只有 1‰～1%，在中国连 1‰都没有。资金如何成为创业的现实资源呢？

4）从必要性上说，不必要。第一，创业的规律与创业的现实都在证明：创业通常是、应该是从小开始，许多小的项目并不需要大额的启动资金。第二，稍许懂得一点创业规律的创业者，并不是一开始就铺摊子进行有规模的资本投入。选择项目的过程不需要资金，对项目进行解剖理解的过程也不需要资金，在寻找项目内在的优秀基质、检验项目中的关键要素的过程也不需要资金，接下来，在对项目进行探索性、实验性的小规模模拟的阶段，需要的也是少量的资金。如果项目做到了这一步，资金就已经不是什么大问题了。

5）从认识根源上说，这是一个大误区。一是创业者的误区。在他们的意识里，有着高起点、大规模、快速度、一举成就大事业、一夜暴发的潜在冲动，是从根本上违背创业规律的大忌。二是人类社会的误区。人们认为创业就是投资，就要有资金，他们不知道创业主要靠的是本事，本事是练出来的。所以，真正意义的创业都是从小开始的，在艰难困苦中谋求生存，没有这个过程，任何创业都是死路一条。

③关于团队的作用。什么是团队？就是一伙人，几个，十几个人，起核心与骨干作用的人——不会错吧？把团队作为创业开始的要素和动力放到"模型"中是错误的。

143

人，是世界一切事物的主体，一伙人是世界上做一切事情的前提条件。干什么可以离开人呢？干什么不是一伙人呢？种地不是一伙人吗？打仗不是一伙人吗？办大学不是一伙人吗？拉杆子当土匪不是一伙人吗？研究农业的科学、研究战争的科学、研究教育的科学怎么没有把"一伙人"当成条件、当成要素、当成模型呢？任何研究都是把事物具有的一般性条件当做既定前提存而不论。这样，才可能集中精力寻找这个特殊领域的特殊对象的特殊规律，进而说明这个对象的特点，讲清楚这个对象的本质。事实上没有哪个创业者不知道创业需要人，需要一伙人。

"一伙人"是世间从事一切带有社会性与合作性活动的既定前提。如果把一伙人作为条件、作为要素、作为对象，具有同样意义的空气、水是不是也要研究呢？如果创业把一伙人作为条件，那么办公室是不是条件呢？依次类推，传真机、电脑、电话是不是条件呢？是不是也要列入研究对象，也要画个圈，用线连起来呢？

把创业需要一伙人当作条件画作模型，不仅仅是脱离了研究对象的特殊性，更重要的是，把创业需要一伙人当作创业开始的资源、要素、动力，违背了创业的本来面貌、真实过程、客观规律。

（2）创业开始通常并不需要团队。创业不是演戏，不是拍电视剧，一开始就组织团队。这是由于剧中的人物是事先存在的，是在剧本中设计好了的，因此，由剧中人物组成的团队就"一个都不能少"。在现实的创业实践中，有不少创业者也把创业理解成演戏，创业如何开始呢？先搭班子——组织所谓的团队。为了所谓团队的合法与正规，就需要招兵买马的旗帜，于是就办执照。有了执照有了团队，团队在哪里呆呀，于是就找地方，租房子。见的太多太多了！简直就成了一种"顽症"，成了创业起步的"固定模式"。我把以组织团队为创业起点的做法叫做"开板三步走"。

①办执照。一旦决定创业，第一件事通常是办营业执照。创

《创业学》：一个中心两个基本点

业必先办"执照"，这是组织团体的正规性与合法性的根据，是组织团队的前期工作。2006 年我认识一个人，正在办执照，正在"核名"。与我大讲"雪山草地"的名字如何之好，代表长征精神，说到业务定位，很是模糊，一片虚幻。当时我心里蹦出一个结论："2 个月完活"。事实上是 3 个月，办完执照后给三个"团队"发了 1 个月工资后回东北了。我的一位南京的朋友，踌躇满志地要大干一场，弄得满世界都知道他在搞一个大项目，到处打电话介绍他的宏伟计划，到处请人吃饭邀请朋友加入他的团队。闹腾了 1 年，全部成果就是办了一张中外合作的营业执照，整天放在包里，逢人就拿出来给人家看，很是有几分得意。或许是执照上面有"董事长：×××"。

这就是创业吗？当然了，多数人并不认为创业就是办执照，但是，多数人却认为创业必须先办执照。在他们不太清楚的意识中，创业就是办公司，办公司就得办执照，办执照是创业开始的第一步，别人都是这样的。有了执照就有了自己的公司或企业，就可以组织自己的队伍了。这，就是几乎所有的人创业就先办执照的原因。

这是创业的"荒唐"！首先，你要看清楚了，那是"营业"执照，而创业不是营业。创业是个过程，由创业到营业要经历若干个绝对不可逾越的阶段，在这个过程中是无"业"可营的，因此，也就不必"执照"。什么时候需要呢？有产品了、有客户了，需要发票和结算工具了，项目或业务稳定成熟了，再办"执照"也不迟。在此之前，何苦花数月时间，数千元钱去握那张纸？问题是工商局并不因为你有这张纸就给你发钱，投资人也不会看见了这个东西就给你投资。有个人打电话给我：能不能在工商局注册个税务局？——这是个"好项目！"真要是行，那这个注册是有用的。

②建团队。办完执照后通常是建团队。《民富论》中讲过拉封丹寓言中"大山临盆"的故事：先是天崩地裂、雷鸣电闪、日月无光；接着是狂风怒嚎、飞沙走石、烟尘滚滚；再接着是山

崩地裂、房倒屋塌、生灵涂炭——大山分娩了：生出来一只小老鼠。有多少团队，大山临盆后连老鼠都没生出来，就命殇黄泉了。

招兵买马、设置部门、封官许愿，进行组织建设……。我的一位多年相识，一纸任命当上了国企领导，萌发了创业激情，执意要上个项目，弄了一笔钱干起来。第一件事是组织团队：设置若干部门，选拔任命各部门经理、部长；招聘各类员工，出题、考试、培训，忙得不亦乐乎。钱花完了再弄钱，有了钱再把上列事项重复一遍。3 年过去了，几百万没见了——压根儿没见到产品的影子。清华大学有一家初创的公司，拥有一项填补空白的技术，争取到了科技部的创新鼓励基金 200 万元，还得到了几百万投资金；在资金到位的前后，开始很有气魄地组织团队，选聘了20 多个 MBA 成立了四个项目组。闹腾了半年，产品没弄出来，散伙了之。

③演大戏。有了团队之后还干什么呢？接着是找资金、搞计划、弄方案、建章程——纸上谈兵；租房子、装电话、印名片、买办公用品、配置办公用品——进行办公条件的基础建设；再接着是进行企业 CI 设计；完善通讯系统；树立招牌，制作精美的宣传册……一通忙活之后就茫然了，就大眼瞪小眼了，多少公司到了这时候就该善后了，就该 OVER 了。这样的事，是每日每时都在发生的创业故事，是成千上万的创业者曾经走过的路。如果是产业投资，忙活的时间会长一些，有资金支持会忙活到把产品弄出来。至于产品的质量功能如何？技术成熟程度怎么样？系统能否协调？市场在哪里？通路在哪里？等等问题的解决哪里是简单的事，资金计划往往就设计到产品出来这个"时点"——撑不下去也就 STOP 了。

凡此种种，诸如此类，不是上演一出名字叫"创业"的戏吗？不是哪个创业者喜欢演这样的戏，而是无意中不得已经历了一场"客串"。为什么会是这样？说到底，不知道在创业中，是有规律需要理解、有观念需要树立、有章法必须恪守，有程序需

146

要遵循的。——而在规律、观念、章法和程序中唯独没有什么"团队"之说，唯独没有在创业一开始就组织所谓的"团队"。

（3）团队是在创业进程中自然发生的。创业的核心是"业"。发生于"业"，成长于"业"，一切都是以"业"为中心发生的，进行着。团队的发生和发展也是产生于"业"，服从于"业"，决定于"业"。如果这个"业"还在酝酿之中，还在探索之中，还在不稳定之中，团队的发生就没有根据。比方说，创业不是制作一棵假的圣诞树，一开始就把主杆、枝干和叶子装配完成。创业的"业"的产生和发展，是一株真的松树的自然生命的历程，是在根的发育中才有主杆，在主杆的成长中才有枝干和叶子。创业是培育一棵真树。这样，团队的产生是创业过程中的事情，是随着业务的发生而发生、随项目的成长而成长的自然现象。什么时候需要人，需要多少人，需要什么人是由"业"的本身和发展决定的。最重要的是不应该、不必要在创业一开始就铺摊子、摆架子、拉阵势。凡是这样做的，首先是这摊子，就会耗费掉本来就并不充裕的资源，就像我们见到的太多太多的"创业"。

产生此类现象的根本原因，是创业者不懂得创业的核心是"业"，是你能不能把这个"业"做得起来，为此就要把"业"赖以存在的最关键的东西找到、培育、把握。这是创业开始时最重要的事情，但又不是短时间能够解决的，它是个过程，是不能缺少的过程，还可能是个艰巨的过程。在这个过程中，你不必要、不需要先弄个所谓的团队。没有用的，用不上的。

（4）团队不是创业的绝对条件。

①一个与我关系很好的小伙子——2004年清华经管学院毕业，《民富论》的最早读者，一个得道之人。自2006年已经做成三单进口橄榄油的生意，规模在逐渐扩大，但没有什么公司之类。我的意见就是盯住一点，做好准备，深入进去，想干什么就先干起来，逢山开路，遇水架桥。到了要开信用证的时候，找家外贸公司代理就是了，迄今为止，尚未发现他的"团队"。

②与我一块登山的一个云南的小伙子，本来有一份工作，是在我影响与鼓动和指导下开始自主创业。他把家乡的三种很有特色的产品各弄一些样品，在北京进行点规模渗透形式的探索，试探产品的适应力，摸索进入市场的通路，发现目标市场，找到合适的价格定位，寻找由小到大的销售模式，才刚刚做了两个月，就已经有了一定的效益。同样是没有什么公司，没有什么"团队"。

③与我关系很好的一个国企干部，1992年下海，找我这个先行者讨论，我如此这般的一通面授机宜，14年过去了，她一直在做化工产品的贸易，资产早在千万规模以上了，14年过去了，始终就是她一个人，会计是兼职的，有一个司机是她姐姐的孩子，这就是她唯一的"团队"。

④我1989年在海南创建公司的时候，和后来相当长的一个时期，就我一个人。这种情况一直持续到1992年创办经济实体的时候，而这期间，我这个一人公司经营的石油化工基础原料的年销售额都在1000万元以上。

⑤我在开发第一个产品时，也先组织了很有规模的团队，业务没有做起来，团队也就无法"团队"了。当开发第二个产品时，没有组织多样功能的团队，而是按我理解的创业投资的程序，先解决核心技术，进行样品的实验，再进行市场探索。就1~2个专门从事这个专项工作的人——事实上的专门工作小组——也算团队。

据《理财》杂志第36期中的"资讯"栏目报道："北京一个月诞生270家一个人的公司。"

（5）绝对必要的是核心人物。

①创业不是人多力量大。集体的力量往往无从发挥，如技术问题、市场问题、一系列决策问题等，这些问题的解决都不是人多就能办成的。创业的核心是"业"，"业"的核心是核心人物。核心人物是绝对必要的，其他的一切都是核心人物功能的延伸。这是从理论到事实都几乎证明了的结论。而选择核心人物的标

准，最重要地是看他具有多少灵魂资本的含量。

②靠的是灵魂资本。什么是灵魂资本？简单说：你要创业，你引来了资金，组织了团队，就能创业了吗？资金与团队以及其他要素资源，好比是画画的笔与墨，决定你把画画好的是技能——画魂。灵魂资本是一个独立的存在，以往的学说与观念中的多种形态资本，对灵魂资本而言表现为要素。因为，离开灵魂资本，什么是什么就是什么，机器就是机器，技术就是技术。灵魂资本是独立于要素资本之外，超越要素资本之上，渗透于要素资本之内，对要素资本起统领主导作用的一个真实的存在。三句话界定内涵：对具体项目的通透和把握；整合资源、驾驭要素的能力；对投资规律的理解和运用。

③载体是核心人物。灵魂资本的物质载体是什么？只能是创业者。团队对于一个具有灵魂资本的载体——核心人物而言，好比是一盘棋中的棋子。团队的功能，只能是灵魂资本功能的延伸。可见，团队不是创业开始必须的条件，而具有灵魂资本的核心人物才是创业绝对必要的条件。团队的作用只有在具备核心人物的条件下才有意义，否则就是乌合之众，是一盘散沙。

（6）反映了创业中的务虚观念。

①形式创业。把团队当作创业的首要条件是"形式创业"的突出表现。不是说创业不要团队，重要的是理解创业的内涵。比方说，创业必须从小做起，从难做起，在艰难中起步，"业"才有"根"，"魂"才能造就，企业才能获得生存的权利。再比方说，创业中的务实观念、生物观念、先胜观念、程序观念都在告诉人们，创业不要先务虚，"先务虚"叫"形式创业"。

②什么是务虚？表现在投资行为上，热衷于轰轰烈烈，轻埋头苦干的有之；看重表面的气魄，轻资本质量内涵的有之；先搞基本建设铺摊子，再完善技术工艺的有之；先进行固定资本投入弄出产品来，再找市场搞营销的有之；先租下门面堂而皇之，再磨炼服务内容的有之；先搭起架子完善系统，再寻找经营模式的有之；在投资中一开始就追求高起点的有之。

③要先务实。良好的开端是成功的一半，不良好的开端是失败的一半。老子讲万事生于"有"，而有生于"无"。如果创业者在刚迈进创业门槛的时候，先搞形式、搞名堂，拉开架势，摆开阵势，铺开摊子，这就是在"业"还没有的"无"的状态就埋下了"败"的种子。就像计算机程序一样把失败预先设定了。创业不是过官瘾、图热闹、做样子，要把精力的分分秒秒，资金的分分角角用到事关项目存亡的最要紧、最关键的地方才是务实。

六、混乱矛盾与重复颠倒的炸弹

所谓"不可思议"，是著书写文章不应该出现的常识性问题。对下面列举的"问题"不加评论，因为标题已经把为什么"不可思议"点明了。

（一）总体逻辑的混乱

1. "书名"与内容背离。全书共有五编，除第一编是讲商机这个与创业有关的问题之外，从第二到第五编，说的是"企业"。离开了"创业"这个主题。

（1）第二编标题是"创始人"，而内容却不是创业中的人，而是"以100万的销售额"为起点的企业中的管理者。

（2）第三编标题是"资源需求"，谈论的对象不是"新创业"的资源需求，而是"发展中的企业"的资源需求。

（3）第四编标题是"创业企业融资"，事实上说的是"成长过程中"的企业继续融资：证券资本、银行资本、债务资本、股票资本等。

（4）第五编标题是"企业创建和创建后"，直截了当地讲"高速成长企业"的管理。

2. "编"的主题与内容不符。第一编主题是"商机"，而从第五章开始，突如其来地讲起了"互联网"。商机与互联网有什么关系呢？作为案例当然可以。事实上是互联网基本知识的讲座：互联网的起源、网址、新闻组、邮件列表、搜索引擎、技术支持、数据检索、网站设计，等等，全部都是互联网教材的内容。

3. "章"的主题与内容对立。第六章有个题目，是"创造工作岗位与创造财富"。其中一节的一个段的开始说："第三种情况是……"，却压根就没有"第一"和"第二"，怎么突然冒出来"第三"呢？

4. 突如其来的"商业计划"。根据蒂蒙斯教授的主张，商机的关键是通过计划书来实现融资，"商机"与"计划书"是紧密联系的问题，这个问题在第一编中也已经集中阐述了。在第三编突然冒出来个第 12 章："商业计划"。

5. 顺序混乱的"作者简历"。蒂蒙斯教授的"作者简介"是按照这样的时间顺序介绍的：

1994 年—1989 年—1995 年—1989 年—1973 年—1995 年—2001 年—1995 年—1985 年—1994 年—1998 年—1997 年，还有这样介绍一个人的简历的吗？

（二）相互矛盾的观点

1. 标题与内容的矛盾。

（1）第二章，其中一节的标题是："理论与实践在现实世界的冲突"，而内容却是讲"商机的驱动力是商机、资源和团队"。"冲突"的理论是什么？"冲突"的实践是什么？他们二者是怎样"冲突"的？整个一节中连一个字都没有！

（2）标题为："实际中的创业思想"，但全部内容都是直截了当地说"创业者的素质"（见第 37 页）。

3. 主要观点的对立。

（1）第十二章，在"商业计划"的题目下，忽而说，制作一份商业计划"通常只需要几个小时"；忽而说"商业计划的制定不可能快"；忽而说"请外部人来做商业计划不是个好注意"，忽而又说"通常都要请外部人士来准备商业计划"。

（2）在谈到创业者的时候，忽而讲"创业者是天生的"，忽而又讲"创业者的技术、技能是经过多年积累才被塑造出来的"（见第 39 页）。

（3）在讲商机能不能预测的时候，一方面讲商机是建立在对市场预测的基础之上的；另一方面又罗列了诸如计算机、飞机、钼电池的例子证明商机是不可预测的（见第57页）。

（4）关于"创业融资的三项原则"。"原则"的第"2"是："早得现金比晚得现金好"；而在283页等许多地方却讲："创业者过早得到现金并不是好事情。"

（5）关于"思路要大气"。这是个多次使用的标题，意思是说："创业起点必须大，小是失败的原因"，这是一贯的主张。而在第十八章中分析企业"陷入困境的原因"时，却把"追求大项目"列入其中："很多公司追求大项目，把大量现金用在扩大生产能力和招募员工上"（见第370页）。

（三）不断重复的内容

这本书给人的总体感觉是，许多人分别写了不同的章节，却没有一个人来统稿，结果形成了在任何题目下讲任何问题。读这一编与读那一编，读这一章与读那一章没有区别。

许多同样的内容反复出现，重复之多随处可见。从三个方面来举例说明。

1. 标题重复。一本书中的标题竟然可以重复，而且是多次的重复！有的标题竟然出现了六次，堪称世界之最！

（1）"筛选商机"这四个字，作为章和节的标题出现了6次，在第60~81页之间。

（2）第十五章第六节标题为："创业者面临的焦油陷阱"（见第324页）；在第十六章第六节的标题为："焦油陷阱：创业者一定要小心"（见第349页）；

（3）第十九章的"七大成功秘诀"中：第3条是"快乐是正的现金流"；第7条是"快乐是正的现金流"。一字不差，一模一样，叹为观止！（见第389页）；

（4）第三章第一节的标题是："思路要大气"，第二章中

153

"思路要大气"作为节下面的标题出现（见第 27 页和第 47 页）；

（5）如果把节下面的小标题也计算在内，诸如"毛毛虫变蝴蝶"，诸如什么"兴奋点循环"之类就更多了。

2. 例子重复。

（1）关于"考夫曼先生，考夫曼基金会，考夫曼的马里恩实验室"，"考夫曼经营公司的三项原则：待人如己；分享财富；回报社会"。这是一段 500～1000 字的例子。这段内容一模一样的内容在书中重复使用。

重复到什么程度呢？十几次。如果你好奇，请看：

第 6、13、24、36、155、156、264、364、383、388 页。

（2）类似重复使用的例子还有"保罗·托宾的第一手机公司"的例子；"捕鼠器短视症"的例子；还有……

3. 图表重复。书中使用的图表约占总页数的 10% 左右。图表中大标题的重复、小标题的重复、小标题下面项目的重复俯拾即是。比如，仅仅用了不同的标题，而内容却基本相同的图表：

（1）第十二章最后的图表，题目叫"商业计划目录"（见第 263 页），与第三章中"评价企业商机的标准"这张图表，几乎就没有什么区别。

（2）第十六章中的第二节，标题为"不同企业的债务来源"，与标题为"根据融资期限划分的债务融资"的项目条款一模一样。

（四）经常出现的"炸弹"

1. 从不解释的名言。每当强调商业计划书重要的时候，总是冒出一句话"商业计划书在打印出来的时候就过时了"。什么意思呢？尽管这句"名言"反复出现多次，却从来没有任何解释。

这不是与"商业计划书"的重要性直接对立吗？在《创业学》中，"商业计划书"是连接"商机"与"资金"的中间环节。讲"发现和寻找商机就是创业"，讲"商机是创业的关键"，都是对实现"融资"而言，而通过商机来实现融资的正是"商业计划书"。

2. 逻辑关系的断裂。而连接"关键"与"实现"的这个环节却经常是"过时了"。既然过时了还弄它干什么呢？既然过时了，连接商机与资金的链条不就断了吗？这样，创业学中唯一可以被人们感觉到的逻辑关系就不复存在了。《创业学》中唯一与创业有关的内容就自动消失了。

（五）时态颠倒的标准

1. "创业计划书"规定的条目。《创业学》给"创业计划书"规定了数以百计的条目。比如，"你所属产业的整体规模和将会出现的替代品"；"竞争对手的成本构成"；"已经建立起来的成长构架"；"税务稽核的财务报表"；"与经销商的合同"；"对其他企业并购的方案"，等等。

第四章"筛选商机"中包括：

（1）已经识别的需求和愿望；市场规模和增长率；毛利率；可达到的购买定单；低成本的供应商；新产品研发的资金额；所有权与使用权的合约；一支 ABC 等的团队。

（2）行业中最优秀的记录；潜在的竞争者和替代产品；客户购买你产品的方式；与客户接触的记录；发现和改造价值链的办法；说明每个团队成员能做出的贡献。

（3）计算公司破产的成本；破产后你是否继续创建企业。

2. "创业"与"企业"的时序颠倒。上面规定的这些"条目"，毫无疑问，都是有历史、有规模、相当成熟的企业才可能知道的事情。这是把创业完成时、将来时的事情拿到创业尚未开始的时候，让创业者写到"计划书"中。

《创业学》的作者忘记了，在教导创业者写"创业计划书"的时候，创业还没有开始。开始的前提是弄到资金，资金还没弄到，计划书还没有写。也就是说创业的准备才刚刚开始，怎么能知道企业存在和发展中的那么多的事情呢？这不是"巧妇难为无米之炊"吗？这不是把整个创业的程序来个先后颠倒吗？

综上所述，在"不可思议的问题"中，指出了五个方面的"不可思议"。

除此之外，到处是不可容忍的对立的观点；到处是对立的例子；到处是模棱两可的语言；还有许多根本就无法读懂的段落——不论你是读三遍还是五遍，无论如何就是读不懂，根本无法知道作者要说什么，几乎是莫名其妙、毫无关联的句子混杂而成的段落。

学者为什么会这样写东西呢？

七、结论与原因之分析

（一）结论：不是创业的"创业学"

创业学研究的对象是"创造一个新企业"；研究的范围是以项目的选择为起点，以项目的运转为终点的过程；研究的目的是怎样才能使项目活下来。所要解决的问题是创业这个"活"怎么干？创业这条"路"怎么走？

这样的对象、范围、目的和所面临的问题，都必然涉及对创业成败终极原因的追究，对新企业发育成长的脉络的梳理，对通往成功之路的创业模式的描绘。而真正做到这些，事实上是对创业规律的揭示。

以"一个中心两个基本点"为全部内容的《创业学》，不是在研究创业这个对象，不是在谈论创业这个主题。全部内容仅仅是涉及了创业全过程之外的——"前"和"后"：

前——是创业开始之前的准备：发现商机和融资。

后——是创业完成之后的管理：通常的企业管理。

《创业学》唯独没有创业：贯穿全书的中心，没有；构成全书的基本内容，没有；主体中没有；对象中没有；过程更没有。没有与创业有关问题的研究与阐述，因此，《创业学》不是关于创业的"学"，是没有创业内容的"创业学"。

为什么会是这样呢？这里有认识的基础和实践的根源。

（二）基础，认为"创业没规律"

蒂蒙斯教授的理论建立在"创业没有自己的规律"这样一

个基本认识的基础之上。没有创业的实践就无从想象创业，因为无从想象创业，就大胆地认定："创业没有自己的规律"。正是认为创业没有自己的规律，才导致了这样一系列结果：

（1）因为认为创业没有自己的规律，又要谈论创业这个话题，于是，就只能是多种学科的整合。展现在我们面前的《创业学》，就成了以"企业融资"为中心，以"企业管理"和"寻找商机"为基本内容的"海纳百川"的大百科全书。

（2）因为认为创业没有自己的规律，又要谈论创业这个话题，于是，就出现了诸如：大与快是创业关键，创业主体与对象的混淆，创业程序的空缺，不是模型的模型等毋庸置疑的错误。

（3）因为认为创业没有自己的规律，又要谈论创业这个话题，于是，就产生了相互矛盾的观点，不断重复的内容，不可容忍的混乱，无法读懂的段落，到处埋下的炸弹，时态颠倒的标准等不可思议的问题。

（三）根源：作者没有创业实践

GOOD 猫是什么猫？

在我女儿两岁的时候，我教她学外语："GOODMORN-ING"，她非但不跟着我说，相反瞪大眼睛吃惊地问我："GOOD 猫是什么猫？"

电石是打火石吧？

我参加工作后回到"集体户"，告诉农民说，我工作的工厂生产"电石"。农民问："是电池吧？"我说不是。他们又问："是打火石吧？"

《创业学》：一个中心两个基本点

1. 一个简单的真理。我两岁的女儿无从想象"MORNING"与"早晨"会有什么关系，她能从声音中想到的只有"猫"。农民们无从想象"电石"是"碳化钙"，是生石灰与焦碳混合在电炉中煅烧而得的，与水反应产生乙炔……。他们能够想到的只能是手电筒用的"电池"，是打火机用的"火石"。

两件事告诉我一个真理，一个人们都知道的事实：任何人理解任何事物，都只能从他所占有的知识出发，都必定从他自己的经验出发，也就是从已经知道的道理与事实出发来认识、来理解、来想象。这是认识论的基本常识。

这就如同没有战争实践无从理解战争规律。这就是为什么写出《战争论》的只能是经历过世界大战的，从士兵到将军的德国人克劳塞维兹。写出《孙子兵法》的只能是指挥过无数次大小战争的中国人孙武。这就如同作家如果不深入生活，就失去创作的源泉一样。

2. 一个历史的缺憾。从大学毕业到大学教授的蒂蒙斯教授，没有亲身经历"从无到有"地把一个企业"创造"出来的历程，没有经历"白手起家"的创业艰难，因此，他就无从感受创业，无从想象创业，无从理解创业，他就只能从自己拥有的知识与经验出发去认识、去理解创业，并根据掌握的知识与思维想象力来创造关于"创业"的学说。

这是由于产生"企业思想"的学院是个封闭的圆圈：学士—硕士—博士—副教授—教授—硕导—博导环环相扣。连接那个"扣"的是论文——通常只有自己拜读的，本质上属于智力游戏的论文。这就决定了在这个"链"上没有实践的位置。还决定了由链条形成的"圈"是密不透风的，吹不进一丝企业实践的清风。一个环环相扣、密不透风、承上启下、代代相传的圆圈，是脱离社会经济实践的书本"知识"的传承。蒂蒙斯教授本来是"圈中人"，能努力从圈中去问津实践，已经是难能可贵的了。

3. 两部分基础知识。从《创业学》中明显看出，蒂蒙斯教

159

授用来理解创业的知识主要是两个部分：

一是传统的资本理论。创业就是投资，投资就要有资金。因此，创业的首要问题、主要问题、甚至全部问题就是资金。解决了资金就是创业了，解决了资金企业就高速发展了。

按照这个思路：为了解决资金，就要找投资人，为了让投资人出钱，就要有计划书，为了写计划书，就要先选择项目，为了让投资人相信这个项目，就要寻找"商机"。所以，"商机"就成为创业的关键和创业的本身。

二是企业管理学。蒂蒙斯教授理解创业的另一部分知识是管理学，这是他所学、所教的全部知识。在他的想象中，创造企业是作企业，管理企业也是作企业，既然都是企业，那肯定都有管理问题，那就把管理学的内容直接当作创业学。他可能是这样想的，也可能是为了填充创业题目下的内容，只能借助管理学。要不然，在创业这个题目下该写什么呢？光写融资，这个学说岂不是过于的"单薄"了吗？于是就把企业管理学"整合"进来。

可见，没有创业实践是没有创业内容的《创业学》得以产生的决定性根源，是蒂蒙斯《创业学》无法弥补的先天不足。

八、结束语

蒂蒙斯教授极富远见地萌发了创业的学科意识，并进行了卓有成效的实践，开辟了创业思想研究与教育的先河。在推动创业研究与教育的同时，对美国乃至全球的创业活动产生了积极的影响，做出了历史性贡献。

《创业学》的创立和创业教育的实践，产生了全新的独立学科，使人们开始知道：创业是可教可学的。这门课程是应该而且必须在大学里开设的。

没有创业经历的缺憾，导致了一门基本没有涉及创业本身的"创业学"的产生。这是学院的封闭性与创业实践性的矛盾，这个矛盾是历史原因造成的。

事实上，人们已经开始认识到这个矛盾的存在，并正在改变。美国的百森商学院已经开始把这个"改变"的计划付诸实施了。

附

录

跳跃、变换而归一的生命历程

——访《民富论》作者赵延忱

评说如潮做"序言"

"原创之作，经典之作，实用之作"；"现代版的《国富论》"。

"来自产业实践的投资学"；"填补了投资研究的空白"；"是改革开放以来我所见到的最好的经济学著作"。

"能写出这样的东西，在中国绝对不可能有第二个人"；"是一部销量可超过百万的大作"。

"必将带来民众创业投资的热潮"，"指导那些脚踏实地地干事业的人如何进行投资"，"就从根本上解决就业，本书帮了政府一个大忙"。

"书中的新鲜思想、概念、语言都必将得到广泛持久的传播"、"会在经济思想和企业研究的历史上留下印记"。

——这是从各方评说中摘下的句子。书刚一出版，山雨欲来，声名鹊起。对这本书的长期影响，许多人做出不容置疑的预测。面对商界、学界、出版界的"重量级"的评价和正在产生的社会功效，我们有必要追究作者的人生经历。到《民富论》出版的时候，正值作者"天命"之年，无法回避对天命内涵的思考。

风生水起话"天命"

钢铁是怎样炼成的？

作者是个有心之人，展示了整理好的、近十公分厚的"原件"：艰难曲折的、变换跳跃的、不断放弃又不断追求的、在生命的每个阶段都有卓越建树的丰富历程。我们突然发现，所有这一切，难道不都是为这本书的产生作准备吗？对于创造这部著作而言，没有哪一段经历是多余的，更没有哪一段经历是可以缺少的。

——没有 3 年山谷中的封闭，就没有对经验的升华，对灵感的捕捉，对感悟的挖掘，对体系的创造，进而形成全新的理论；

——没有 10 年创业的实践，特别是失败的刺激，就没有那么多对产业投资的感悟和丰富的思想材料；

——没有下海之前的 10 年苦读，刻苦学习经济学的经典著作，顽强攀登经济学巨人的肩膀，也就不具备把实践上升为理论的可能；

——没有从少年时期持续的写作训练，不可能简洁、通俗、流畅地表达深刻的思想，也就不具有理论概括和抽象思维的能力。

这是四个条件的统一，缺一不可的完美统一。这是四个偶然的集合，缺一不可的偶然集合。统一与结合在一个人的身上。究竟是为了完成这部著作而有意追求这样的经历，还是偶然的经历成就了这部著作？是他负有这个使命来到这个世间，还是改革开放造就了他？让我们在追寻他对人生目标的四次选择中来做出回答。

四次选择忆"当年"

1. 辞官读书——在通向"地狱"的门口，他义无反顾

他是老三届——初中 68 届中年龄最小的一个（因为小学跳级一年），21 岁调入党校任教。打倒"四人帮"后，对失去读书时间的痛憾，对知识的渴望，促使他下决心第一次自己选择人生目标：走学者之路。一句话辞去除老师之外的三个行政职务，确定了把考研作为第一阶段的目标。

学者之路，意味着放弃已经拥有的官职和仕途，学者之路，对于只有初中半年文化基础的他，是下地狱般的勇气，是为理想献身的精神。从此，他以宗教般的执著，开始了 12 年的学习生涯。经历了大学进修，考研读研，讲课写文章，读书是贯穿始终的主线。自己规定每天 10 个小时的有效读书时间几乎从不间断。为防患干扰于未然，创造出许多办法，进行过艰苦的抗争，做出了很大牺牲。不论住在那里，慢慢的人们会发现一盏从不熄灭的"枣园灯火"。

逐渐地，经济学对他不再神秘，对这座辉煌博大的殿堂，可以漫游其中，融会贯通，叙述概括，评点分析，说明社会经济的现实问题。思想火花不断迸发，独立见解不断形成，写成文章，讲给学生。12 年的苦读，接受了人类探索经济的主要认识成果，成为小有名气的青年经济学者。

2. 投笔从商——下海创业，一半自觉一半无奈

1989 年，他从海南省委党校下海。何以放弃曾经用献身精神致力于的、具有雄厚功底的经济学专业，放弃在体制内的优越地位？他说，是对经济学实用价值的怀疑；是对研究成果——学术论文的社会功效的否定；是面对求知的眼睛，

讲不出有用的东西的愧疚；是体验现实经济生活并试图有所发现的强烈愿望。还有一个原因，是个人对潜规则力量的无奈。在没有生存危机和外部竞争压力的群体中，对人才的容忍是有限度的，一旦达到触犯一部分人利益这个临界点，你就会被排斥，往往是迂回的方式和"另类"名目。这就是自古有之的"风必摧之"。

刚离开学校，确是茫然，学了十几年经济学，甚至不知道办公司需要工商局注册，更不知道发票与税务局是什么关系，就像学外贸的不会填报关单，学金融的没见过银行汇票一样，真不知道这学校教育有什么用？下海的头两年赚了300万元，算是资本原始积累。他说，人们以为我挺有本事，其实不然，我是利用了改革过程中出现的计划和市场两种价格的和平共处，抓到了短缺经济的尾巴。这哪里算得上经商的本事？充其量是抓到了机遇出奇兵，为产业投资创造了起步的条件。

在他工作学习过的三个单位，经历了相同的三个阶段：吹捧—驱逐—造神。

第一个单位，先是说他是"自学成材的典范，代表青年知识分子的方向"。评职称时发现我的学术成果是5个副教授总和的10倍，只好打入另册。当学生们一个接一个地把其他老师赶下讲台，经济类课一定要听他上的时候，末日到了。走后便是神话——能背《资本论》。

第二个单位，研究生部主任先是讲他"有很深的学术功底，听赵延忱讲话像是听是人民日报评论员文章，能听出自然段。"一年后，"有赵延忱在，分不清老师学生，研究生部没法工作"。直到的下一届的下一届都在讲他的故事。

第三个单位，在一场上层的关于引进人才的争论中冒出一个观点：所有引进的人中，只有他是人才，原话是："像赵延忱这样的人才引进了几个？就一个！"这意味着引进工作的成功率不到5%，其他人都不是人才！走后，人才的形象又放光芒——"没办法，就是留不住。"

一样的公式套住一个人三次，其中之必然是深藏在社会生活中，特别是体制内部的潜规则。

3. 停商办厂——按捺不住的"产业"情结

这个突变是谁都不能理解的，搞石油化工贸易做的好好的，在职工工资200元的年代，每年赚100多万元，为什么就不干了呢？放着几乎天天进钱的事不做，要干天天花钱的傻事！他说，"没人能理解我内心世界的产业情节"。物质资料的生产是人类社会生存和发展的基础，全部的经济学、管理学的理论、概念、范畴都是建立在产业的基础之上。

企业是经济的细胞，不能切身地理解它、搞透它、读多少书也没有用！靠一纸任命去管企业，或在企业负责一个部门都是难以懂得企业的，唯有独立地创造一个企业，反复经历从无到有的全过程才行。这是在读书中就酝酿的潜在愿望，是在钻研与讲授经济学和管理学中萌生的产业情结，曾在怀疑经济学实用价值中不断强化的强烈愿望，别人当然不能理解。所估计不足的是，没想到这产业投资之路是如此的艰难，如此的漫长，一干就是10年。

他先后在燃料化工、汽车配件和服装三个领域投资办厂。第一个项目是强化固体燃料。即一种无污染、热值高、使用方便的燃料盒。与台湾地区宏伟实业合作搞了个中外合资公司，折腾了1年，近100万元投资血本无归，剩下一台免税的丰田面包。两个月后另起炉灶，还是这个项目，全部投资不到两万，投产当月收回投资。接着，以每月2~3万元的盈利水平运转。受市场容量限制和"李魁打不过李鬼"这个现实决定，这个项目做不大，于是把它交给别人经营，他另辟战场。

169

第二个项目是汽车隔热垫，与汽车制造厂配套，按配套通知单生产。工艺技术、制造管理都不难，难在结算。单件毛利多少都没有用，关键是能不能收回货款。工作对象是配套处和财务处，工作方式是吃喝……他把项目转给一个分厂厂长去干。

第三个项目是集中了三项技术的旅游产品，理论上属于垄断竞争型，从核心技术产生到有规模销售，经历了5年时间。成本从14元降到2.9元。经过与直接消费者的碰撞摩擦，功能改进多达17处。价格从28元降到6元。前三年的市场营销是失败的。在7个城市建立办事处，没有一个可以用销售收入补偿销售成本的，40几家代销商多数不回款。参加了8次博览会，订货的大部分是骗子。磨到第5年，3万件产品按计划销完，还拿到十几万定单——标志该产品开始进入良性运转的新阶段。

4. 弃厂著书——为创业者打造思想武器

到2000年初，他将三个厂分别委托、转让、关闭后，一头扎进黄山附近的一个封闭状态的幽静山谷，开始了3年的思想历程。

这是他人生目标的第四次重大选择，是一次艰难的抉择。难在感情的割舍：10年的风风雨雨，多少艰难困苦，把企业推到良性循环，企业就像成长中的儿子。还难在资金损失的巨大。经验告诉他，私营企业的形象、关系资源、骨干队伍、管理模式都与老板个人直接相联系，一旦老板离去，经营的困难直接就是货币的流失，苦心经营的企业前途渺茫，几百万资产可能付诸东流。

但是，他毕竟不是土财主，更大的价值观念强烈地吸引着他，这就是10年创业的感悟，10年产业投资的实践的燧石一再撞出思想的火花，感受到这产业投资的确有其"道"。随着这种感受的日益强烈，转化为要把它说出来的愿望。想要告诉那些准备创业和正在创业的人们，这对于提高创业的成功率，提高社会资源的利用率，对推进民间投资的兴起，对从根本上解决日益严重的就业问题，对增加社会物质财富的总量实现普遍富裕，对于从源头上促进中华民族的伟大复兴都有不可估量的作用。

这个重大抉择事实上还与他早年的愿望，但在当时无力做到的强烈梦想相呼应。那就是，当他强烈怀疑经济学的实用价值的时候，当他理解了邓小平改革思想的深层含义，相信商品经济的发展规律的时候，他坚定地认为：随着改革的发展，必然出现来自民间的、广泛的、以创办经济实体为特征的投资热潮。而现有的经济学理论不能提供指导，在经济细胞——企业如何出生，怎样发育、成长的领域是个空白。他意识到了，他具有添补这个空白的能力和条件。他感受到了历史赋予的责任。

10年中几度辉煌，利润滚滚，但感触最深的是"败"。败得莫名其妙、百思不得其解，败得惊魂动魄、心尖颤抖，败得难以收拾、苦不堪言。败，如钱江大潮般震撼着我，像重锤击顶般撞击着我，像针穿十指般刺痛着我。刺激着思维翻滚，灵光闪烁，时有顿悟。败给了我太多的东西：从考察技术，到把产品推向市场，他在思考。从展销会上头顶烈日演示叫卖，到穿梭于大江南北巡视指导，他在思考。从走遍北京40几家批发市场，到求教温州同行谋划营销，他在思考。思考什么？产业投资有没有规律可循？成功和失败的关键究竟是什么？有没有确保成功的投资模式？

这种愿望很快充溢全身，促使他做出抉择：钻进皖南的山谷，用3年封闭独处去审视10年创业的经历。在心境空灵与专注中，在饱和状态的思维中，捕捉10年的感悟，推敲每个结论是否真实可靠？会不会误人金钱与生命，会不会在时

171

间老人面前露出破绽？不能像流星那样一闪即逝，无以打动人心。首先自己要想透、理顺，达到确信无疑，为自己找到言说的自信。为探索产业投资规律做出有益的尝试，为投资者提供有实用价值的东西，让思想像一汪泉水注入读者的心田，让读者轻松地进入与你同行。——所有这些，还来自对所言之物的强烈情感和传播真理的急切。

天降大任是"斯人"

创造全新的、有实用价值的思想体系之艰难是不言而喻的，可怕的是不断感受到的生命的危险。从封闭的第二年起的后两年，由于持续的强度很大的思维，经常在深夜1~3点心脏开始乱跳和停跳，还有长时间的，几乎完全感觉不到心脏在跳动。每当这时，随时就会死掉的恐惧就强烈的笼罩着他。想到女儿还小，书还没写完，还想到要写遗嘱，还想到死在电脑前的王小波，伏案而终的马克思，这样的情况在两年中发生了7~8次，从那时候，速效救心丸成了他的昼夜伴侣。当人们为某件事情感叹、激动时，往往很少穿越历史的长廊，去追寻故事发生的深厚背景和当事人的牺牲。

天将降大任于斯人，苦其读书，苦其创业，苦其著作。千回百转，变换跳跃，放弃选择，历史看懂了，他的家人、同学、朋友看懂了，他自己也有恍然的大觉悟——都是为了这本书——没有哪段经历是可以没有的，因此，也就没有哪次转化或跳跃是不必要的，再面对这本书的价值，转换所放弃的，追求所付出的，也就都得到了补偿。当然了，补偿可能主要不是经济的和身体的，而是有书中思想的传播所带来的社会价值——对作者心理的、价值追求的。

生活是思想的长青之树。他探索产业投资规律的想法，产生于对理论实用性的怀疑；不理解理论成为诠释政策的工具；不忍心讲述没用的学说。对生产经营活动真实体验的欲望，也产生于思想大师的精彩语言中。马克思说，社会发展的历史不是在天上的云雾中，而是在粗糙的物质资料的生产中。要回答不断发展的经济现实提出的问题，不能靠已有思想材料编来剪去。经济学家熊彼特在病危时对他的学生德鲁克说："除非能改变人们的生活，否则就没有任何意义。"这是他对毕生理论研究的反思，对后来者的忠告——理论的价值在于能改变人们的生活。

1995 年秋，他去看望他的老师——当代著名经济学家张维达。老师和师母非常高兴，特意从城边的"一汽"叫来儿媳准备午饭。张老师逐一地介绍他带过的四届博士生毕业后的情况。总的感觉是都不大胜任实际工作，有的被委以重任又自己退下来。他还说国外学工商管理到硕士就最高了，硕士课程又主要以案例研究为主。张老师的话显然是他内心世界的表露，他再一次感受到了科学家的良心与真实。他对张老师说，有用的是思维能力，理解经济现象的能力，在现象中寻找联系、发现必然的能力。

思维能力是机器，事实是原料，实践是获取原料的途径。有了思维能力，加上丰富的实践，有用的东西未必不能产生。八年抗战八年思考，八年产业革命八年思想革命，我认为有所发现，发现了投资中的某些规律性和体现规律的原则、观念、程序、方法——这，就是本书得以产生的依据和可以称之为有用的东西。

赵延忱学术成果

一、文章、论文

（一）1990 年以前（保存 10 篇）

（1）《邓小平经济思想溯源》的，载于《毛泽东思想研究》1987 年第 2 期。

（2）《论个人有效劳动》，载于《辽宁大学学报》1989 年第 1 期。

（3）《论联合承包的利弊及发展》，载于《哈工大学报》1989 年第 1 期。

（4）《商品交换是实现按劳分配的途径吗?》，载于《吉林社会科学》1987 年 7~8 期。

（5）《深化工资制度改革的目标》，载于《理论与改革》1988 年第 3 期。

（6）《教学质量标准计算方法》，载于《上海高等教育》1989 年第 3 期。

（7）《商品经济下的劳动计量对象》，载于《长白学刊》1988 年第 4 期。

（8）《供热难，难在哪里?》，载于《新长征》1999 年第 2 期。

（9）《无奈，放血，反思（头版头条）》，载于《人民日报》市场报 1999 年 10 月 25 日。

（10）《需要的满足在公平原则的实现》，载于《西北大学学报》1987 年第 1 期。

（二）2003 ~ 2007 年（82 篇）

1. 封面专题：生死实业　载于《美国〈创业家〉》（中国版）2003 年第 9 期。

（1）《追寻一条普遍富裕的道路》

（2）《发现灵魂资本》

（3）《飞速蛊惑与快死之症》

（4）《妙解投资风险》

（5）《在运转中成熟》

（6）《如何把握一个投资项目》

（7）《抓住生存的命根子》

（8）《在最好的时期自由创业》

2. 专栏文章：迈进创业的门槛　载于《青年参考》2004 年 9 ~ 12 月。

（1）《不要先演三出戏》

（2）《创业资金的问题》

（3）《创业起点在哪里》

（4）《这样来选择项目》

（5）《选对盟主是关键》

（6）《从起点来化解风险》

（7）《在校创业的项目》

（8）《起爆的火药和引信》

（9）《抓住项目的命根子》

（10）《创业的底气从哪来》

（11）《利他的根本观念》

（12）《人生要摆脱三个压迫》

3. 专栏文章：避开创业的陷阱　载于《中国青年报》

2005 年 3～5 月。

　　（1）《"融资"陷阱》

　　（2）《"市场"决定》

　　（3）《"预测"决定》

　　（4）《"速度"决定》

　　（5）《"起点"决定》

　　（6）《"规模"决定》

　　（7）《"知识"决定》

　　（8）《"决策"决定》

　　4. 专栏文章：樵夫夜话　载于《现代教育报》2005 年
9～10 月。

　　（1）《做狼，还是当狗》

　　（2）《大家莫唱同一首歌》

　　（3）《对市场要亲身感受》

　　（4）《计划书的麻烦》

　　（5）《失败让我如此美丽》

　　（6）《创业不必冠以知识经济》

　　（7）《市场就是自己》

　　（8）《下蛋是不可能的》

　　（9）《规模适当导致失败》

　　5. 专题文章与编辑部特别策划。

　　（1）《创业误区之"是不是"》，载于《商界》2006 年第
11 期。

　　（2）《生死创业之"魂"》，载于《商界》2007 年第
3 期。

　　（3）《抓住活命的"根"》，载于《商界》2007 年第
4 期。

　　（4）《点规模之渗透》，载于《商界》2007 年第 6 期。

　　（5）《创业"空手道"》，载于《商界》2007 年第 7 期。

6. 其他文章。

（1）《企业家怎样用人》，载于《中国企业报》2005 年 2 月 2 日。

（2）《人才本质与企业制度创新》，载于《中华工商时报》2004 年 10 月。

（3）《关于固定成本补偿》，载于《中国机电商报》2004 年 3 月。

（4）《留住企业的根》，载于《全球商业经典》2005 年第 2 期。

（5）《换一种眼光看投资程序》，载于《中国机电商报》2005 年 3 月 1 日。

（6）《〈民富论〉缘起》，载于《市场经济论坛》2004 年第 4～5 期。

（7）《敢问路在何方》，载于《今日信息报》2005 年 7 月 16 日。

（8）《点规模渗透》，载于《理财》2006 年第 9 期。

（9）《点规模渗透》，载于《理财》2006 年第 10 期。

（10）《利他与利己》，载于《投资与营销》2005 年第 6 期。

（11）《创业，从积累到单飞》，载于《中国教育报》2006 年 9 月 28 日。

（12）《有了资金再创业?》，载于《光彩》2007 年第 1 期。

（13）《给创业补足底气》，载于《大众投资指南》2006 年第 10 期。

（14）《用"虚拟销售"探路》，载于《大众投资指南》2004 年第 12 期。

（15）《利己的必由之路》，载于《四川大学：党建星火》2007 年第 3 期。

（16）《扶贫从纯粹化走向市场化》，载于《今日中国论坛》2007年第5期。

二、连载

《创业投资的有关问题》，载于《城市晚报》2004年6~8月。

（1）《自主创业是人生目标的最好选择吗?》

（2）《如何把握一个具体的投资项目?》

（3）《为什么说"利他是利己的最高级"?》

（4）《投资的资格是怎样获得的?》

（5）《起爆投资成功的火药和引信是什么?》

（6）《选择目标应当遵循什么原则?》

（7）《借山修炼是必要的吗?》

（8）《如何把投资不败的条件首先抓到手?》

（9）《面对多种选择的时候，你有主心骨吗?》

（10）《通常所说的核心竞争力是什么?》

（11）《投资者面临的三个矛盾是什么?》

（12）《为什么说模拟投资方法是走出两难困境的途径?》

（13）《模拟投资方法在实践中的依据是什么?》

（14）《模拟投资方法是化解投资风险的有效程序吗?》

（15）《投资失败的原因是"决策失误"吗?》

（16）《为什么说"企业也能决定市场"?》

（17）《如何超越思维定式?》

（18）《如何走出理性的迷茫?》

（19）《为什么要预先埋下失败的种子?》

（20）《是什么原因造成通路的堵塞?》

（21）《审视一下你的规模是否适当?》

（22）《你是否也听信了"飞速"的蛊惑?》

（23）《为什么说一个"快"字能带来无尽祸患》

三、专著（均以 8% ~ 10% 版税出版）

（1）《民富论》，清华大学出版社 2004 年版。

（2）《端口》，企业管理出版社 2005 年版。

（3）《门槛》，清华大学出版社 2005 年版。

（4）《创业的 18 个先后》，中华书局 2006 年版。

赵延忱的学术活动（2004～2007年）

一、大学演讲

应邀在大学发表创业主题的演讲：

1. 清华大学
2. 北京林业大学
3. 北京北方工业大学
4. 北京矿业大学
5. 北京理工大学
6. 重庆大学
7. 重庆工商大学
8. 江西师范大学
9. 南昌航空机械工业学院
10. 天津南开大学
11. 青岛黄海职业学院

二、论坛演讲

应邀在大型论坛发表创业主题的演讲：

1. CCTV2"赢在中国"与清华大学经管院举办的"中美创业论坛"，代表中方做主讲嘉宾

2. 北京军事博物馆"中国中小企业创业投资项目博览会"

3. 清华大学"经管品牌发布会"

4. 中国经营报"北京青年创业大讲堂"

5. CCTV 梅地亚会议中心

6. 中国科学技术会堂

7. 《民富论》读者座谈会

8. 北京"创业新天地"

9. 湖北省"创新论坛"

10. 重庆"中国创业致富论坛"

11. 天津"创业教育与研究国际研讨会"

12. 中国扶贫基金会"新长征自强社社长"论坛

13. 中国（上海）92 财富论坛

三、各类培训

为企业和企业家组织进行主题培训：

1. 北京智慧谷企业家俱乐部的"创建学习型组织"，"小企业成长"，"企业家用人"等主题的培训

2. 中国石油化工公司抚顺炼油厂的"企业创新管理"培训

3. 江西宜春市政府的"企业经理人资格认证"培训

4. "江西省高等院校骨干师资"的创业课程的培训

5. 团中央的彩虹工程"全国大学生创业培训"

6. 保定、张家口等城市"个体与私营企业协会"创业培训

7. 山西南风集团的"项目开发"培训

四、企业咨询

为下列企业做企业咨询：

1. 吉林省通化俊宏药业

2. 人事部生产基地"东凌神奇茶"

3. 在北京劳动就业服务中心，为"美丽工坊"、"金话筒礼仪"做项目策划

4. 在北京凡想人创业，为"莲池海会"、"佐藤樱花"做项目评估

五、创业指导

作为中青在线"创业研究中心"首席专家，参与了"中心"的全部活动：

1. 培养师资

2. 在线咨询

3. 专题讲座

六、专栏作家

应邀为下列媒体做专栏：

1. 为《中国青年报》做"避开创业陷阱"专栏

2. 为《青年参考》做"创业起步"专栏

3. 为《创业家》做"生死实业"专栏

4. 为《现代教育报》做"樵夫夜话"专栏

七、大奖赛总评委

应大连市政府邀请，为大连"百年城第四次创业冲浪大奖赛总决赛"做总评委，并兼任评委和主评委的辅导。

附录四

《民富论》的影响及历史地位

一、各界评说

1. "填补国民创业投资思想的世界空白"

　　　　　　　　——"中新社"新闻通稿

2. "一部创业投资的圣经"

　　　　　　　　——《经济参考》

3. "前所未见的经济学原创著作。"

　　　　　　　　——经济学家　茅于轼

4. "这是一部伟大的著作。"

　　　　　　　　——中华全总书记处书记　李永海

5. "是自改革开放以来，我所见到的实现富民强国的最好著作。"

　　　　　　　　——中共中央理论局原负责人　理夫

6. "是当代中国最具有实用价值的经济思想。"

　　　　　　　　——美国《创业家》杂志主编　李彬

7. "探索投资规律的历史性成果"

　　　　　　　　——《人民日报》

二、读者的话

1. "作者应当是一个怪才，奇才，也是天才"。

2. "你是21世纪中国最具影响力的人物之一!"

3. "因君一席话,遗惠千万人"。

4. "《民富论》利在当代,功在千秋"。

5. "发自肺腑的感谢赵老写得这么好的东西!"

6. "李光耀说中国没有经济学家,是没读过《民富论》"。

三、主要荣誉

1. 联合国"世界读书日"——入选图书

2. 中国"国家知识工程"——推荐书目

3. 九大部委"全民读书"——活动成果

4. 十大出版社"策划人"——联合推荐

5. 新浪创业书籍排行榜——第一名

6. 清华大学出版社人文、社科、经管图书发行量——历史最高纪录

责任编辑：吕　萍　于海汛
责任校对：徐领弟
版式设计：代小卫
技术编辑：邱　天

图书在版编目（CIP）数据

什么是创业资本：影响世界的创业"日心说"与"地心
说"/赵延忱著. —北京：经济科学出版社，2007.12
ISBN 978－7－5058－6765－9

Ⅰ. 什… Ⅱ. 赵… Ⅲ. 企业管理 Ⅳ. F270

中国版本图书馆 CIP 数据核字（2007）第 189132 号

什么是创业资本

——影响世界的创业"日心说"与"地心说"

赵延忱　著

经济科学出版社出版、发行　新华书店经销
社址：北京市海淀区阜成路甲 28 号　邮编：100036
总编室电话：88191217　发行部电话：88191540
网址：www. esp. com. cn
电子邮件：esp@ esp. com. cn
北京汉德鼎印刷有限公司印刷
永胜装订厂装订
787×1092　16 开　12.25 印张　160000 字
2007 年 12 月第一版　2007 年 12 月第一次印刷
印数：0001—3000 册
ISBN 978－7－5058－6765－9/F·6026　定价：22.00 元